Irina Ignatjuk

Die Europäische Integration auf wirtschaftlicher Ebene und deren Vor- und Nachteile anhand ausgewählter Beispiele

GRIN Verlag

Bibliografische Information der Deutschen Nationalbibliothek:

Die Deutsche Bibliothek verzeichnet diese Publikation in der Deutschen National-
bibliografie; detaillierte bibliografische Daten sind im Internet über http://dnb.d-
nb.de/ abrufbar.

Impressum:

Copyright © 2003 GRIN Verlag GmbH
Druck und Bindung: Books on Demand GmbH, Norderstedt Germany
ISBN: 978-3-656-06917-1

Dieses Buch bei GRIN:

http://www.grin.com/de/e-book/17940/die-europaeische-integration-auf-wirtschaft-
licher-ebene-und-deren-vor

GRIN - Your knowledge has value

Der GRIN Verlag publiziert seit 1998 wissenschaftliche Arbeiten von Studenten, Hochschullehrern und anderen Akademikern als eBook und gedrucktes Buch. Die Verlagswebsite www.grin.com ist die ideale Plattform zur Veröffentlichung von Hausarbeiten, Abschlussarbeiten, wissenschaftlichen Aufsätzen, Dissertationen und Fachbüchern.

Besuchen Sie uns im Internet:

http://www.grin.com/

http://www.facebook.com/grincom

http://www.twitter.com/grin_com

Irina Ignatjuk

Die Europäische Integration auf Wirtschaftlicher Ebene.

Vor- und Nachteile dargestellt an ausgewählten Beispielen

- Magisterarbeit -

vorgelegt zur Erlangung des M. A. an der Politischen
Fakultät der Universität Hannover

Hannover, den 17.07.2003

ABBILDUNGS- UND TABELLENVERZEICHNIS

ABKÜRZUNGSVERZEICHNIS

Abb.	Abbildung
Art.	Artikel
BA	Bundesanstalt für Arbeit
BMA	Bundesministerium für Arbeit und Sozialordnung
Bsp.	Beispielsweise
bzw.	beziehungsweise
CAP	Centrum für angewandte Politikforschung
EEA	einheitliche Europäische Akte
EEC	European Economic Community
EFTA	European Free Trade Association
EG	Europäische Gemeinschaft
EGKS	Europäische Gemeinschaft für Kohle und Stahl
EGV	Europäischer Gründungsvertrag
EK	Europäische Kommission
EP	Europäisches Parlament
ER	Europäischer Rat
Et al.	und andere
EU	Europäische Union
Euratom	Europäische Atomgemeinschaft
EVG	Europäische Verteidigungsgemeinschaft
EWG	Europäische Wirtschaftsgemeinschaft
EWR	Europäischer Wirtschaftsraum
EWS	Europäisches Währungssystem
EZB	Europäische Zentralbank
f.	folgende
ff.	fortfolgende
GATT	Allgemeines Zoll- und Handelsabkommen
GB	Großbritannien
i.S.	im Sinne
MOE	Mittel- und Osteuropa
MOES	Mittel- und Osteuropäische Staaten
NAFTA	North American Free Trade Agreement
Nr.	Nummer
PHARE	Poland and Hungary Action for Restructuring of Economy
Tab.	Tabelle
VO	Verordnung
WTO	World Trade Organisation
WWU	Wirtschafts- und Währungsunion
z. B.	zum Beispiel

INHALTSVERZEICHNIS

1 Einleitung

Besonders politische Veränderungen, wie der Fall der Mauer und die Transformation der postkommunistischen Staaten in Marktwirtschaften, haben die Europäische Union vor große Herausforderungen gestellt. Im Mai 2004 werden 10 Mittel- und Osteuropäische Staaten der Europäischen Union beitreten. Die Staaten sind, Ungarn, Slowenien, die Baltischen Staaten, die Tschechische Republik, die Slowakei, Malta, Zypern und Polen. Somit findet die größte Erweiterung in der Geschichte der EU statt. Durch die daraus resultierenden gravierenden politischen sowie wirtschaftlichen Veränderungen wird nun in der Öffentlichkeit die Frage diskutiert, ob die Europäische Union nach dieser Runde eine weitere Erweiterung übersteht. War und ist die Europäische Union überhaupt in der Lage den Integrationsraum zu vergrößern? Von offizieller EU-Seite scheint sich diese Frage kaum zu stellen, denn die nächsten Kandidaten sind bereits assoziiert und Gelder aus Europäischen Programmen fließen in den Aufbau EU konformer Verwaltungsapparate in diesen Ländern. Das wird die EU jedoch vor neue und größere Aufgaben stellen, die sich nicht einfach lösen lassen werden.

Kritiker monieren, dass es der heutigen Europäischen Union an Transparenz mangelt und weitere Integrationen z.B. am veralteten Verwaltungsapparat scheitern könnten. Angesichts der wirtschaftlich prekären Lage in der EU und des starken Euro würden die Vorteile, die eine Integration mit sich bringt, ausgelöscht werden.

Diese Arbeit beschäftigt sich mit der wirtschaftlichen Integration. Es soll überprüft werden, ob die Idee eines vereinten Europas tatsächlich einen großen Nutzen und die Steigerung der Wohlfahrt für die beteiligten Staaten sowie für die Bevölkerung bewirken kann. Ausschlaggebend für die Wahl des Themas sind die Aktualität und Brisanz der Thematik und die vielfältigen und zum Teil sehr kontroversen Meinungen.

Im Allgemeinen werden in der Arbeit die Ziele und Bedeutungen einer Wirtschaftsintegration anhand der Europäischen Union dargestellt. Es soll geprüft werden, ob die Vorteile überwiegen und ob die Integration vorangetrieben werden sollte. Es wird der Frage nachgegangen, in wie weit die wirtschaftliche Integration für die teilnehmenden Akteure Staat, Unternehmen, Arbeitnehmer und Konsument Vorteile bringen soll. Für eine Verdeutlichung der Auswirkungen wurden zwei Bereiche als Beispiele gewählt. Zum einen der Wettbewerb und die Wettbewerbspolitik und zum anderen der Arbeitsmarkt und die Arbeitsmarktpolitik in der EU. Durch die Erweiterung des Integrationsraumes vergrößert sich der Binnenmarkt, was besonders für den Wettbewerb und den Arbeitsmarkt von großer Relevanz ist.

Die Arbeit ist in drei Hauptteile untergliedert. Im ersten Teil wird die Wirtschaftsintegration dargestellt. Nach der Begriffklärung, werden die Stufen einer Wirtschaftsintegration dargestellt und erläutert. Im weiteren Verlauf werden die Etappen der europäischen Integration aufgelistet. Abschließend werden die Vorteile und Nachteile einer Wirtschaftsintegration erläutert. Es wird auch der Frage nachgegangen, wo die Grenzen der Integration liegen könnten.

Der zweite Teil beschäftigt sich ausschließlich mit dem Wettbewerb und der europäischen Wettbewerbspolitik. Hier wird der Frage nachgegangen in wieweit der Wettbewerb durch eine Erweiterung der Europäischen Union, die zu einem erweiterten und vergrößerten Markt führt, beeinträchtigt oder gefördert wird.

Im dritten Teil geht es um den europäischen Arbeitsmarkt und die europäische Arbeitsmarktpolitik. Durch eine Lageanalyse wird versucht, einen groben Überblick über die aktuelle Arbeitsmarktsituation im bereits integrierten Raum wiederzugeben, wie auch einen Überblick über die Arbeitsmarktsituation in den Beitrittsländern. Anschließend wird die Zielsetzung der europäischen Beschäftigungspolitik dargestellt und die Maßnahmen, die ergriffen wurden und werden, um dieses Ziel zu erreichen. Abschließend wird auch hier auf die Frage der Auswirkungen der Integration eingegangen.

In der Schlussbetrachtung werden die hier aufgestellten Thesen wieder aufgegriffen und die Thematik zusammenfassend auf die Forschungsfrage eingegangen.

Die Arbeit eingrenzend wurde bewusst nicht die Türkeifrage eingegangen, weil diese Frage den Rahmen der Arbeit sprengen würde. Weiterhin wurde auf die ausführliche Erklärung aller Fachbegriffe verzichtet und kurze Erläuterungen im Text oder in Fußnoten wiedergegeben.

Mit folgender Fragestellung soll die wirtschaftliche Integration untersucht werden: Welche ökonomischen Folgen, bzw. Vor- und Nachteile ergeben sich durch die europäische Integration für die Akteure Staat, Unternehmen sowie Arbeitnehmer und in welcher Form wirken sich diese in Bezug auf politische Stabilität, Wettbewerb und Arbeitsmarktpolitik aus?

Folgenden Thesen liegen dieser Arbeit zugrunde:

1. Die europäische Integration fördert die Umsetzung ausgewählter Ziele der Wirtschaftspolitik wie beispielsweise Vollbeschäftigung, gerechte Einkommensverteilung, Preisstabilität und führt unmittelbar zu einer politischen Stabilisierung demokratischer Strukturen.

2. Der Wettbewerb wird durch die Integration intensiviert und somit bietet der erweiterte Binnenmarkt wettbewerbsfähigen europäischen Unternehmen größere Chancen und qualifizierten Arbeitnehmern bessere Beschäftigungsaussichten. Insgesamt wird die wirtschaftliche und politische Situation Europas nach außen hin gestärkt.

3. Auf dem Gütermarkt wird eine weitergehende Integration zu einem noch größeren Angebot an Gütern führen, was aber für die Konsumenten eine verminderte Transparenz und eine kaum bewältigbare Informationsflut bedeutet. Der Konsument wird in seiner Souveränität eingeschränkt und kann seine Rolle am Gütermarkt nicht mehr vollständig erfüllen.

2   Die Europäische Integration

2.1   Wirtschaftliche Integration

Die westeuropäische Integration, die im Jahre 1951 mit der Unterzeichnung des Vertrages über die Europäische Gemeinschaft für Kohle und Stahl (EGKS) ihren Anfang nahm und seit dem Inkrafttreten der Verträge in Maastricht 1994 weiter voran getrieben wird, ist von Erfolg gekrönt. Keiner anderen Integration, wie beispielsweise auch nicht der Nordamerikanischen Freihandelszone (North American Free Trade Agreement - NAFTA), kann ein ähnlich größer politischer Erfolg wie der der Europäischen Union zugeschrieben werden. Seit den ersten Einheitsbestrebungen der europäischen Staaten steht die wirtschaftliche Integration im Zentrum des Geschehens. Dazu soll in diesem Kapitel der Begriff „wirtschaftliche Integration" verdeutlicht und definiert werden. Da auch verschiedene Integrationsformen und -arten unterschieden werden, sollen auch diese näher erläutert werden.

2.1.1   Die wirtschaftliche Integration - Begriff und Ausprägungen

Es gibt verschiede Arten der Integration zu definieren. Integration findet auf kultureller, gesellschaftlicher, politischer und wirtschaftlicher Ebene statt. Sehr **allgemein** kann Integration als die Herstellung einer Einheit oder Eingliederung in ein größeres Ganzes verstanden werden. In dieser Arbeit soll jedoch ausschließlich auf die wirtschaftliche Integration eingegangen werden. Die politische Integration folgt schließlich einer weitestgehend abgeschlossenen wirtschaftlichen Integration.

Es gibt **diverse Ansätze** die wirtschaftliche Integration zu definieren, wie beispielsweise von Menck, der „die wirtschaftliche Integration als Öffnung nationaler Volkswirtschaften für grenzüberschreitende Zusammenarbeit mit anderen Staaten." definiert (Menck, 2002, S. 255). Dieckheuer stellt die ökonomische Integration folgendermaßen dar: „Unter einer regionalen ökonomischen Integration versteht man die Zusammenarbeit von zwei oder mehr Ländern auf dem Gebiet ihrer gemeinsamen Wirtschaftsbeziehungen oder - darüber hinausgehend - den Zusammenschluss von zwei oder mehr Ländern zu einem gemeinsamen Wirtschaftsraum." (Dieckheuer, 2001, S. 193). Als „... die Verbindung einer Anzahl bislang getrennter Volkswirtschaften zu einem gemeinsamen Wirtschaftsraum ..." (Ohr/Gruber, 2001, S. 3) definieren Ohr/Gruber die wirtschaftliche Integration. Jedoch unterscheiden sich die Definitionen nicht im Wesentlichen. In der ökonomischen Theorie findet laut Blank et al. die Integration von Märkten durch den Abbau sowohl tarifärer und nicht tarifärer Handelshemmnisse[1] als auch von Beschränkungen des freien Verkehrs von den Produktionsfaktoren Kapital und Arbeit statt (Blank et al, 1997, S. 39).

Es lassen sich also einige **Kerncharakteristika** identifizieren. Der **Handel** zwischen den integrierten Staaten wird gestärkt. Der Austausch von Gütern und Dienstleistungen mit Drittstaaten (die nicht an der Integration beteiligt sind) wird zugunsten des Austauschs zwischen den Teilnehmerländern umgelenkt[2].

Die wirtschaftliche Integration wird geprägt durch andauernde **Wanderungsmöglichkeiten von Arbeitskräften** und durch den **Austausch von** kommerziell geschütztem und wirtschaftlich verwendbaren **Wissen**, sofern die rechtlichen und institutionellen Voraussetzungen bestehen (Menck, 2002, S. 255).

Der **technische Fortschritt** wird beschleunigt, denn die Unternehmen der beteiligten Staaten werden in Folge des verschärften Wettbewerbs und der veränderten Marktgröße dazu ermuntert. Das heißt auch, dass derartige Unternehmen zu Innovationen veranlasst werden. Es wird auch auf den Punkt 2.2.1 verwiesen, in dem die positiven Auswirkungen einer

---

[1]Tarifäre Handelshemmnisse sind beispielsweise Zölle wie Wertzoll oder Mengenzoll. Zu den nicht tarifären Handelshemmnissen gehören alle staatlichen Maßnahmen, außer Zölle, die den Handel in Volumen, Güterzusammensetzung oder regionaler Struktur verzerren, das heißt als auch preisliche Belastungen sowie quantitative Belastungen.
[2] Auf die Handelsschaffung und Handelsumlenkung wird im Punkt 2.1.2 näher eingegangen.

Wirtschaftsintegration näher erklärt werden. Jedoch besteht bei einer wirtschaftlichen Integration die Gefahr, dass es zu einer **Abschottung** der beteiligten Staaten gegenüber Drittländern kommt und somit auch zu einer Behinderung der weltwirtschaftlichen Arbeitsteilung. Wie bereits erläutert, ist für jede regionale ökonomische Integration ein Abbau von Handelshemmnissen im Warenverkehr zwischen den Mitgliedsländern üblich. Dieser Abbau kann sich auf die Außenhandelsbeziehungen, auf einigen Gütermärkten oder auch nur auf einen bestimmten Gütermarkt beschränken, aber auch die Außenhandelsbeziehungen der Mitgliedsländer auf allen Gütermärkten umfassen. Eine regionale wirtschaftliche Integration ist darauf angelegt, im Integrationsraum die Vorteile des Freihandels zur Geltung kommen zu lassen. Während Handelshemmnisse im integrierten Raum abgebaut werden, bleiben zumeist die **Handelsbeschränkungen gegenüber Drittländern**.

Insgesamt stellt die ökonomische Integration also einen Schritt auf dem Weg von nationalstaatlichem Protektionismus in Richtung auf eine umfassenden Freihandel dar (Dieckheuer, 2001, S. 194). Andererseits folgt einer Integration aber manchmal auch das Beibehalten, Harmonisieren oder Einführen protektionistische Maßnahmen gegenüber Drittländern, die allerdings nach dem GATT[3] nicht erlaubt sind.

Das wichtigste **Hauptziel** einer ökonomischen Integration ist für die beteiligten Länder die Erschließung ökonomischer Vorteile, um so die Wohlfahrt der einzelnen Länder zu steigern. Dazu bedarf es jedoch eines sehr langfristigen Zeitrahmens. Darüber hinaus ist es sehr schwierig, die Realisierung dieses Ziels zu messen. Üblich sind **operationale Maßnahmen** wie beispielsweise der Abbau von Handelshemmnissen zwischen den Mitgliedsländern des Integrationsraumes, wie auch eine Liberalisierung der Faktorbewegungen (Arbeit und Kapital) im

---

[3] Das Allgemeine Zoll- und Handelsabkommen (GATT) bzw. Welthandelsorganisation (WTO) ist ein multilateraler Vertrag, der 1948 in Genf(Schweiz) geschlossen wurde. Der Sitz befindet sich in Genf und hat 142 Mitglieder. Das Ziel des Abkommens ist der Abbau von Handelshemmnissen und Zöllen und wurde als Basis einer später nicht gegründeten Handelsorganisation unterzeichnet. Mit der Zeit nahm es den Charakter einer Internationalen Organisation an. (Ignatjuk, 2002, S.265)

Integrationsraum oder auch die Schaffung einheitlicher institutioneller und ordnungspolitischer Rahmenbedingungen für Wirtschaftsaktivitäten im Integrationsraum (Dieckheuer, 2001, S. 193). „Im einzelnen wird erwartet, dass die Produktion in den Mitgliedsländern im Zuge einer zunehmenden Spezialisierung gemäß komparativer Kostenvorteile effizienter wird, durch die Ausdehnung der Absatzmärkte Massenproduktionsvorteile genutzt werden können, der zunehmende Wettbewerb den technischen Fortschritt fördert sowie die Produktivität erhöht, und schließlich dem Verbraucher eine größere Produktvielfalt geboten wird." (Ohr/Gruber, 2001, S. 4).

Es existieren verschiedene **Stufen der Integration**. Ausgehend von der Autarkie als einem Pol des Integrationsspektrums ist die nächst höhere Stufe die Präferenzzone, gefolgt von der Freihandelszone, der Zollunion, dem Gemeinsamen Markt und der Wirtschaftsunion. Der Wirtschaftsunion folgt schließlich die politische Union als Pol auf der anderen Seite des Integrationsspektrums. Es ist ebenfalls sehr schwierig eine klare Definition der einzelnen Stadien, die im Punkt 2.1.2 näher erklärt werden, zu finden, denn die Übergänge gestalten sich in der Realität fließend.

Die beteiligten Staaten innerhalb des Integrationsraumes geben je nach Integrationsstufe ihre **politische Souveränität** schrittweise auf und delegieren ihre Entscheidungs- und Handlungskompetenzen an gemein-schaftlich gebildete supranationale Institutionen. Problematisch könnte es jedoch bei einer Forderung nach gesellschaftlicher Integration werden, denn hier wird oft ein kultureller Identitätsverlust befürchtet.

Die wirtschaftliche Integration wird bei Blank u.a. in zwei **Perspektiven** unterteilt. Die *statische Perspektive* ist ein Zustand in dem einzelne Länder nach einem abgeschlossenen Integrationsprozess als eine wirtschaftliche Einheit aufgefasst werden.

Die *dynamische Perspektive* bezeichnet den Prozess, durch den ökonomische Barrieren zwischen den Produkt- und Faktormärkten unabhängiger Volkswirtschaften innerhalb eines Integrationsraumes schrittweise abgebaut werden, um die gesamtwirtschaftliche Wohlfahrt zu steigern (Blank et al., 1997, S. 39). Für vertiefende Integrationsschritte ist aus ökonomischer Sicht also entscheidend, ob die Steigerung der gesamtwirtschaftlichen Wohlfahrt aller integrierten Staaten erzielt werden kann.

Für die Europäische Union charakterisitsch sind die **güterwirtschaftliche** und die **monetäre Integration**. Die *güterwirtschaftliche* Integration ist der Handel mit Waren und Dienstleistungen sowie der Austausch von Produktionsfaktoren. Die *monetäre* Integration spielt sich auf den Devisen und Geldmärkten der Mitgliedsländer ab. Es werden Geldmarktbedingungen geschaffen, die ein möglichst inflationsfreies Wachstum ermöglichen und wechselkursbedingte Wettbewerbsverzerrungen zwischen den Mitgliedsstaaten verhindern. Um das zu realisieren, müssen gewisse institutionelle Regelungen vorausgesetzt werden, wie die Koordinierung der nationalen Geldpolitiken oder die Errichtung einer gemeinsamen Zentralbank, die für die Geldpolitik im gesamten Integrationsraum zuständig ist. Außerdem findet in der Endkonsequenz eine Einführung einer gemeinsamen Währung oder die Einrichtung eines Systems fester Wechselkurse für die Währungen aller Mitgliedsländer im gesamten Integrationsraum statt (Dieckheuer, 2001, S. 196/197).

Das nächste Kapitel befasst sich eingehend mit den einzelnen Formen der wirtschaftlichen Integration und wird diese näher erläutern.

2.1.2 Stufen der wirschaftlichen Integration

Die Zustand ohne jegliche Form der Integration ist die **Autarkie** eines Landes. Der Beginn der Integration hängt in der Regel von der Marktform im Land ab, nämlich ob es sich um eine Marktwirtschaft oder Planwirtschaft handelt. Eine Marktwirtschaft ist aufgrund ihrer Funktionsweise eher auf eine Integration ausgerichtet als eine Planwirtschaft. Aufgrund der Jahrespläne einer Planwirtschaft würden sich die Pläne zum Einsatz der

Ressourcen um einiges verkomplizieren bei kaum kalkulierbaren Im- und Exporten mit anderen Volkswirtschaften.

Tab. 1:   Darstellung der Stufen der Wirtschaftsintegration

Integrationsform / Merkmal	Autarkie	Präferenz-zone	Freihandels-zone	Gemein-samer Markt (Binnen-markt)	Wirtschafts-union/ Politische Union
Kaum Handelskontakte	•				
Partielle Zollsenkungen, Sonderregelungen für einzelne Güterkategorien		•	•	•	•
Interner Abbau von Zöllen			•	•	•
Gemeinsame Außenzölle und Handelspolitik				•	•
Liberalisierung der Faktormärkte					•
Supranationale Institutionen und Wirtschaftspolitik					•

Quelle: Eigene Darstellung nach Blank et al. 1997, S. 35

Die erste Stufe der Integration wird als **Präferenzzone** bezeichnet. Innerhalb der Zone gibt es eine partielle Zollsenkung und Sonderregelungen für bestimmte Güterkategorien. Mindestens zwei oder mehr Staaten vereinbaren in bilateralen bzw. multilateralen Verträgen, sich für den Handel mit bestimmten Gütern Vorzugsbedingungen einzuräumen. Das bedeutet z.B. niedrigere Zölle oder höhere Einfuhr- und Ausfuhrquoten, jeweils verglichen mit der durch Autarkie bzw. Protektionismus gekennzeichneten Ausgangssituation. Staaten, die nicht in der Präferenzzone liegen, werden keine Präferenzen eingeräumt. Die Präferenzzone ist die elementare Integrationsstufe.

Industrieländer räumen meist Entwicklungsländern Präferenzen bei Rohstoffen ein (z.B. Verträge von Lomé) und im Gegenzug bevorzugen Entwicklungsländer Industrieprodukte der Industrieländer. Ein gutes Beispiel hierfür ist das British Commonwealth Preference Scheme von 1932 zwischen Großbritannien und fast allen Staaten, die dem British Empire angehörig waren (Blank et al., 1998, S. 32).

In der nächsten Stufe der Integration, der **Freihandelszone**, schließen sich mehre Staaten zusammen, die sowohl Binnenzölle als auch andere Handelshemmnisse (Kontingente) im Inneren abschaffen. Die Freihandelszone schließt im Gegensatz zur Präferenzzone den gesamten Güterverkehr ein. Es gibt keine Importzölle und quantitative Restriktionen zwischen den Mitgliedsstaaten; es herrscht Freihandel. Gegenüber Drittländern gibt es keine gemeinsame Handelspolitik, denn jedes Land hat seine eigenen Außenzölle und kann eigenständig autonome protektionistische Instrumente einsetzen. Das könnte jedoch problematisch werden, denn ein Drittland könnte seinen Handel mit Güterimporten in ein beliebiges Land der Freihandelszone über ein Mitgliedsland, welches die niedrigsten Zölle (Protektionsschranken) aufweist, abwickeln. Zur Verhinderung derartiger Praktiken, müssen Ursprungsregeln festgelegt werden, die dann für den Freihandel in der Integrationszone gelten. Um die Einhaltung der Regeln zu gewährleisten, müssen weiterhin Kontrollen im Güterverkehr durchgeführt werden (Dieckheuer, 2001, S. 195). Beispiele für eine Freihandelszone sind die Europäische Freihandelszone EFTA (European Free Trade Association) sowie die Nordamerikanische Freihandelszone NAFTA (North American Free Trade Agreement).

Die nächste Stufe stellt die **Zollunion**[4] dar. Sie ist als ein einheitliches Zollgebiet mehrerer Staaten definiert. „Die Mitglieder erheben einerseits einheitliche Ein- und Ausfuhrzölle (gemeinsamer Zolltarif) gegenüber Drittländern und schaffen andererseits Binnenzölle zwischen den Unionsländern ab." (Bundeszentrale für politische Bildung (BpB), 2002, S. 240). Produkte aus den Drittländern werden bei Einfuhr in die Zollunion nur beim Eintritt in das einheitliche Zollgebiet verzollt. Durch eine Steigerung des Handelsvolumens soll die Wohlfahrt aller Mitgliedstaaten in

---

[4] Weiterführende Information zur Zollunion: Viner, Jacob: International trade and economic development-Lectures delivered at the National University of Brazil. Oxford 1953 oder Meade, James E.: Die stationäre Wirtschaft. Köln 1971

einer Zollunion erhöht werden (Handelsschaffung). Der Handel mit Gütern und Dienstleistungen ist weitestgehend liberalisiert. Darüber hinaus wird ebenfalls die Handelspolitik gegenüber Drittländern aufeinander abgestimmt.

Eine Zollunion kann sich jedoch auch hemmend und wohlfahrtsmindernd auswirken. Es kommt zu einer sogenannten Handelsumlenkung, „...wenn es zu einer Umlenkung des Handels von kostengünstiger produzierenden Drittländern auf Mitgliedsländer führt, die zwar zu höheren Kosten produzieren, aber im Gegensatz zu den Drittländern nicht mehr mit Zöllen belastet sind." (BpB, 2002, S. 240). Ergebnis ist der Ausschluss günstigerer Güter aus Drittländern zugunsten teurer Güter aus dem Gebiet der Zollunion. Merkmale einer Zollunion wiesen 1834 der Deutsche Zollverein auf wie auch die Europäische Wirtschaftgemeinschaft (EWG) von 1957 auf. Ein aktuelles Beispiel ist die Zollunion der Slowakischen und der Tschechischen Republik.

Nach der Zollunion wird der **Gemeinsame Markt** angestrebt. In einer Freihandelszone und in einer Zollunion ist lediglich freier Güterverkehr zwischen den Mitgliedstaaten garantiert. In einem Gemeinsamen Markt sind zusätzlich die Bewegungen der Produktionsfaktoren Arbeit und Kapital uneingeschränkt liberalisiert, das heißt Niederlassungsfreiheit für Unternehmen, Freizügigkeit für Arbeitskräfte und freier Kapitalverkehr. Jedoch „um zu verhindern, dass Produktionsfaktoren nur in bestimmte Länder des Gemeinsamen Marktes wandern, ist bis zu einem gewissen Grad eine wirtschaftspolitische Harmonisierung notwendig." (Blank et al., 1998, S. 33). Gemeinsame Wettbewerbsregeln sowie eine gewissen Harmonisierung der Rechts- und Verwaltungsvorschriften und der Steuer und Ausgabenpolitik sind Voraussetzung für eine Verschmelzung zu einem **Binnenmarkt** (BpB, 2002, S. 240).

Ab 1970 kann bei der EWG von einem gemeinsamen Markt gesprochen werden. „Die Mitgliedsländer schaffen im Rahmen einer gemeinsamen

Marktordnung einheitliche ökonomische Bedingungen, insbesondere ein Regelsystem für Wettbewerb, aber auch Regulierungen preis- und mengenpolitischer Natur oder Abnahmegarantien." (Blank et al., 1998, S. 33). In der Europäischen Union gibt es eine solche Marktordnung für den Agrarsektor.

Die vorletzte Stufe der ökonomischen Integration, die **Wirtschaftsunion**, geht über den gemeinsamen Markt hinaus, denn die Mitgliedsländer verfügen über weitgehend oder zumindest teilweise harmonisierte Wirtschaften. In dieser Stufe internationaler wirtschaftlicher Integration sind die Mitgliedsländer nur noch Regionen der ökonomischen Union. Die Schaffung einheitlicher ökonomischer Verhältnisse im Rahmen des Binnenmarktes ist das Ziel einer solchen Wirtschaftsunion. Dabei sind „Makroökonomische Stabilisierungspolitik, Geldpolitik, Redistributionspolitik und Sozialpolitik (...) wichtige Politikfelder, die zwischen den Mitgliedsstaaten harmonisiert oder gemeinsam gestaltet werden." (Blank et al., 1998, S. 33). Damit ist die Schaffung entsprechender **supranationaler Institutionen** mit eigenen Kompetenzen verbunden, sodass nationales Recht im Laufe der Zeit durch supranationales Recht abgelöst wird (BpB, 2002, S. 240).

Im Zusammenhang mit der Wirtschaftsunion steht auch die **Währungs-union**[5] (monetäre Integration). Monetäre und regionale Integration können gleichzeitig oder zeitlich versetzt erfolgen, wobei eine Währungsunion nie ohne eine Wirtschaftsunion funktionieren könnte.

Einer Wirtschaftsunion kann nur eine **Politische Union** folgen, in der ökonomisch und auch politisch nur noch ein Land vorhanden ist. Wie bereits beschrieben, werden hier alle Entscheidungs- und Handlungskompetenzen auf supranationale Institutionen übertragen.

---

[5] Die europäische Währungsunion trat am 1. Januar 1999 in Kraft und schloss den Integrationsprozess mit der Ausgabe der Münzen und Banknoten am 1. Januar 2002 ab, die im Dezember 1996 zum ersten mal politisch beschlossen wurde.

Vergleichend sind Freihandelszone, Zollunion und Gemeinsame Märkte Stufen vorrangig marktlicher Integration, wobei die höheren Stufen stärkere politische Integration erfordern. „Die sich im Integrationsprozess zumeist auch ergebende Intensivierung der politischen Beziehungen ist dabei nicht vorrangiges Ziel, sondern eher (gern gesehene) Folge des Strebens nach ökonomischer Wohlfahrtmaximierung." (Ohr/Gruber, 2001, S. 4). Die politische Union ist in diesem Zusammenhang die höchste Stufe der Integration, denn sie geht über die rein ökonomische Integration hinaus indem sie auch gemeinsame Verfahren zur Entscheidungsfindung in nicht wirtschaftlichen Bereichen, wie beispielsweise der Außenpolitik oder der Verteidigungspolitik umfasst.

Was allen Integrationsformen gemein ist, ist der Abbau von Handels-hemmnissen, der sich nur auf die teilnehmenden Staaten bezieht. Gegenüber Drittländern wird mehr oder weniger eine protektionistische Haltung angenommen, was bedeutet, dass die ökonomische Integration Protektionismus nicht ausschließt.

Schließlich ist noch kurz auf die **Formen der Integration** einzugehen. Während die *Marktintegration* auf freiwilliger Basis funktioniert und gewissermaßen ein Prozess von unten herauf ist (vom Markt ausgehend zur Institution), beschreibt der Begriff *institutionelle Integration* ein angestrebtes Verbinden der Regierungen der Volkswirtschaften durch gemeinsames Eingliedern unter zentralen, supranationalen Institutionen. Somit verläuft der Prozess der institutionellen Integration über eine Vergemeinschaftung institutioneller Regelungen und Politiken (Ohr/Gruber, 2001, S. 4). „Im Mittelpunkt stehen daher nicht wie bei der Marktintegration Deregulierung und Liberalisierung, sondern Zentralisierung und gemein-same Regulierung (...). Die Vergemeinschaftung bestimmter Politikbereiche in Form supranationaler Institutionen bedeutet jedoch auch, dass auf den entsprechenden Gebieten der Wettbewerb der Institutionen zwischen den Volkswirtschaften eingeschränkt wird und somit Effizienzverluste eintreten können." (Ohr/Gruber, 2001, S. 5).

Die möglichen Vor- und Nachteile einer wirtschaftlichen Integration wurden schon kurz angedeutet und sollen im folgenden Abschnitt näher beleuchtet werden.

2.2 Vor- und Nachteile einer Wirtschaftsintegration

Allgemeines Motiv für eine Wirtschaftsintegration ist, wie bereits eingehend erläutert (siehe Punkt 2.1.1), voranging die Vergrößerung des Wohlstandes der am Integrationsprozess teilnehmenden Länder. „Prämisse von wirtschaftlichen und politischen Integrationsbestrebungen ist elementarer Utilitarismus, in dem Wohlfahrts- bzw. Nutzenüberlegungen die Determinanten im Verhalten der Akteure sind." (Blank et al., 1998, S. 35). Die meisten Theorien gehen in der Tat davon aus, dass eine Wirtschaftsintegration eher mit Vorteilen als Nachteilen verbunden ist. Praktisch zeigen sich jedoch häufig Probleme bei der Umsetzung von Integrationsvorhaben. Eine politisch konsequente Umsetzung einer Wirtschaftsintegration ist für die Mitgliedstaaten zwangsläufig mit einem Souveränitätsverlust verbunden, was vielen sicherlich nicht leicht fällt zu akzeptieren. Diesem Umstand werden größtenteils die Nachteile einer wirtschaftlichen Integration zugeschrieben.

2.2.1 Mögliche Vorteile einer wirtschaftlichen Integration

Der Integration werden vielfältige Vorteile zugeschrieben. Allerdings ist festzustellen, dass die Vorteile nicht separat voneinander betrachtet werden sollten, denn sie sind interdependent und führen in ihrer Gesamtheit zu einer Zunahme der gesellschaftlichen Wohlfahrt. Auch ist die positive Wirkkraft der einzelnen Positionen von der Integrationsstufe abhängig (siehe Punkt 2.1.2). Blank et al. (1998, S. 36 f.) geben einen Überblick zu den Vorteilen der Integration, wie sie in der Literatur zumeist genannt werden. Deshalb soll sich hier auch größtenteils auf diese Ausführungen bezogen werden.

Aus dem Abbau von beispielsweise Zoll- und Grenzformalitäten resultieren **niedrigere Transaktions- und Informationskosten**, was die wirtschaftliche Verflechtung fördert. Von dieser Kostenersparnis profitieren alle Teilnehmer des Wirtschaftskreislaufes. Sowohl der Staat als auch die Unternehmen können ihre Kosten senken, indem Bürokratie und Personal eingespart werden und effektiver in den durch die Integration entstandenen Positionen (z.B. erhöhter Export) eingesetzt werden können. Der Konsument auf der anderen Seite profitiert von niedrigeren Endverbraucherpreisen sowie einer größeren Produktauswahl.

Der **Abbau von Handelshemmnissen** bietet den Unternehmen größere Exportmärkte, auf denen sie mehr Produkte absetzten lassen können (sofern sie wettbewerbsfähig sind, siehe Punkt 3). Skaleneffekte führen zu einer direkten Kostenentlastung der Unternehmen und Lerneffekte führen zu verbesserten Produkten und Technologien. Mit der Zeit kommt es zu Spezialisierungsvorteilen und -gewinnen bei denjenigen inländischen Produkten, für die komparative Kosten- und Preisvorteile bestehen. Die „Spezialisierungseffekte stehen dann im Vordergrund, wenn die Beschränkungen des innergemeinschaftlichen Handels auf kontingentähnliche - stärker den Marktzugang beschränkte - Maßnahmen zurückgehen, wie dies etwa beim öffentlichen Auftragswesen der Fall ist." (Smeets, 1996, S. 66).

Durch Integration entsteht eine **verbesserte Allokation von Ressourcen**. Zwischen den beteiligten Ländern entfällt die künstliche Unterscheidung von Ressourcen (Güter und Produktionsfaktoren) nach deren Herkunft. „In einem größeren und von Wettbewerbsverzerrungen befreiten Markt können die Ressourcen der Mitgliedsländer besser in die effizientesten Verwendungen (Produktionsverfahren) gelenkt werden, woraus Wohlfahrtsgewinne resultieren." (Blank et al., 1998, S. 36). Ein größerer Wirtschaftsraum stellt dementsprechend einen größeren Ressourcenpool dar, was neben effizienteren Allokationen die Bündelung knapper

Ressourcen erlaubt. Überdies wird noch eine leichtere Finanzierung und Risikoabsicherung von Projekten sowie ein spezifischer Einsatz von Arbeitskräften ermöglicht. Dadurch lassen sich Produktinnovationen und technischer Fortschritt schneller umsetzen und somit können Mehrfachausgaben in den Bereichen Investition, Forschung und Technologieanwendung vermieden werden (Blank et al, 1998, S. 37). Außerdem werden die Unternehmen ermuntert, die Fähigkeiten des Managements zu verbessern und weitere Kenntnisse für die Belieferung neuer Auslandsmärkte zu erlangen (Menck, 2002, S. 255).

Ein weiterer Punkt ist die **Verbesserung der Terms of Trade**. Terms of Trade stellen die Export- und Importpreise eines Landes im Verhältnis zueinander und in Gütereinheiten gemessen dar (Blank et al., 1998, S. 36). Durch den erhöhten Absatz von Produkten kommt es zu einer Produktionsausdehnung innerhalb des Integrationsraumes, was zu einem Rückgang der Importe aus Drittländern führen kann. Somit verbessern sich die Terms of Trade, da für jede importierte Gütereinheit mehr exportierte Gütereinheiten zur Verfügung stehen. Die Leistungsbilanz eines Landes wird dadurch positiv beeinflusst.

Durch **verstärkten Wettbewerb** findet eine Effizienzsteigerung statt. Ökonomische Integration führt zu stärkeren, wettbewerblichen Marktstrukturen und erhöht die Zahl der tatsächlichen oder potentiellen Anbieter. Ebenfalls führt eine supranationale Regulierung (Harmonisierung des Marktes) als auch gegenseitiges Anerkennen von nationalen Regulierungen zu einem ungehinderten grenzüberschreitenden Wettbewerb, wobei keine zusätzlichen Kosten aufgrund unterschiedlicher Regulierungen entstehen (Smeets, 1996, S. 66). Wichtig zu erwähnen ist auch, dass „eine wirksame Wettbewerbspolitik (...) deshalb eine entscheidende Voraussetzung dafür [ist], dass eine Zunahme des innergemeinschaftlichen Handels auch zu mehr Wohlstand führt." (Smeets, 1996, S. 66).

Eine andere positive Erscheinung der Integration sind wie schon erwähnt die **preisgünstigen Produkte** und eine **größere Produktauswahl**. Somit gibt es für die Kunden und Endverbraucher größere Märkte mit einer breiteren Produktpalette und der verstärkte Wettbewerb resultiert in günstigeren Preisen (Blank et al., 1998, S. 37). Die Thematik Wettbewerb wird im weiteren Verlauf der Arbeit im Punkt 3 eingehend erläutert.

Durch eine Wirtschaftsintegration und die daraus resultierenden veränderten Rahmenbedingungen und Marktstrukturen können **Impulse verstärkten volkswirtschaftlichen Wachstums** ausgelöst werden. „Auch können Integrationsbestrebungen Unternehmen aus Drittländern dazu bewegen, innerhalb des Integrationsgebietes zu investieren, um gegenüber Produkten aus Drittländern diskriminierenden Handelsbarrieren zu umgehen." (Blank et al., 1998, S. 37) Das hat zur Folge das Direktinvestitionen für den Wettbewerb der Länder innerhalb des Integrationsgebietes gefördert werden.

Wohl einer der wichtigsten Vorteile eines Zusammenschlusses mehrerer Staaten zu einem Wirtschaftsraum, ist die daraus resultierende **politische Stabilität und Stärkung der internationalen Position**, denn „Die zunehmende Verflechtung mehrerer Volkswirtschaften trägt zur Schaffung und Erhaltung politischer Stabilität der entsprechenden Region bei." (Blank et al., 1998, S. 37). Für einen hinzukommenden Staat kann ein Beitritt in ein Integrationsgebiet auch innenpolitisch von großem Nutzen sein. Ferner besteht bei einer Integration auch die Erwartung, die Unabhängigkeit und Verhandlungsposition gegenüber anderen Volkswirtschaften und Integrationsräumen zu stärken. Gerade bei wirtschaftlich weniger entwickelten Ländern spielt dieses Motiv eine herausragende Rolle.

Wichtig zu erwähnen ist ebenso die dazu gewonnene **Freizügigkeit** von Arbeitskräften und **Niederlassungsfreiheit** der Unternehmen. Es kann eine freie Mobilität der selbstständigen und nicht-selbstständigen

Arbeitskräfte sowie auch der Unternehmen im Integrationsraum erreicht werden (Ohr/Gruber, 2001, S. 16 f.).

Im Integrationsgebiet kann eine ungehinderte Allokation des Produktionsfaktors Kapital, folglich eine uneingeschränkte **Kapitalmobilität**, hergestellt werden (Ohr/Gruber, 2001, S. 16 f.). Die Öffnung und die damit verbundene Vergrößerung der Kapitalmärkte verbessert die Möglichkeiten der Erzielung höherer Renditen sowie die Kreditbedingungen. Überdies besteht auf politischer Ebene die Hoffnung, durch Anziehung ausländischer Investoren Wachstumsimpulse auszulösen. Jedoch besteht dabei die Gefahr, das es innenpolitischen Widerstand geben könnte, denn „einer vollständigen Integration des Kapitalmarktes steht politisch die Einschränkung der Kontrolle sensitiver makroökonomischer Instrumente (Geldpolitik) entgegen." (Blank et al., 1998, S. 40).

2.2.2 Mögliche Nachteile einer Wirtschaftsintegration

Neben den deutlichen Vorteilen einer Wirtschaftsintegration, können sich auch verschiedene negative Konsequenzen ergeben, wie in folgenden Punkten dargestellt. Auch hier gilt wiederum eine Interdependenz der Nachteile sowie die Verstärkung ihrer Auswirkungen bei gemeinsamem Auftreten. Auch hier liegen die Aussagen von Blank et al. (1998, S. 39) den Ausführungen zugrunde.

Bei einer durch die Integration weit fortgeschrittenen Spezialisierung der Wirtschaft eines Landes auf die Produkte mit komparativen Kostenvorteilen können bei Strukturänderung (z.B. klimatische Veränderungen bei Monokulturen, Wegbrechen von Märkten) **Anpassungsschwierigkeiten** entstehen. Diese können sich durch massive Insolvenzen und damit verbundene höhere Arbeitslosigkeit ausdrücken. Genauso wären wirtschaftliche Depressionen mit schrumpfenden Wachstumsraten vorstellbar. Klassisch könnte der Staat mit einer Subventionierung solcher in Bedrängnis geratener Wirtschaftszweige reagieren, die sich dann zumeist aus innenpolitischen oder populären Gründen auf unbestimmte Zeit fortsetzen und finanzielle Mittel binden.

Infant-Industry werden die im Aufbau befindlichen Industrien genannt. Sie können jedoch nicht mit bereits bestehenden Industrien in den anderen Mitgliedsländern konkurrieren. Dies kann durch verspäteten Strukturwandel bedingt sein. Somit verfestigt sich der first-mover-advantage der bereits bestehenden Unternehmen (Blank et al., 1998, S. 39). First-mover-advantages „...are the economic and strategic advantages that accure to early entrants into an industry." (Hill, 1997, S. 139). Das bedeutet, dass sich Unternehmen durch eine Produktinnovation oder auch innovative Absatzstrategien einen entscheidenden Wettbewerbsvorsprung, am Markt verschaffen können. „Because they are able to gain economies of scale, the early entrants into an industry may get a lock on the world market that discourages subsequent entry." (Hill, 1997, S. 139). Dieser Wettbewerbs-vorsprung führt in der Regel auch zu großen Marktanteilen. Wenn sich der first-mover-advantage festigt, ist es für andere Unternehmen schwieriger in den Markt einzutreten bzw. bei dem Wettbewerb auf dem Markt zu bestehen.

Einen nicht zu unterschätzenden Nachteil stellt das **Dumping** dar. Allgemein wird Dumping als eine internationale Form der Preis-diskriminierung definiert, das heißt dass ein Anbieter seine Waren im Ausland zu geringeren Preisen anbietet als im Inland. Laut Blank et al. ist es jedoch sinnvoller davon zu sprechen, „...wenn ein Unternehmen sein Produkt im Ausland zu Preisen absetzt, die unter den Produktionskosten liegen." (Blank et al., 1998, S. 40). Dumping ist jedoch in fast jedem Bereich denkbar. Gegen einige Formen von Dumping, wie beispielsweise Sozial- und Lohndumping oder auch Ökodumping, sind innerhalb des Integrations-raumes Abwehrmaßnahmen nur in beschränktem Umfang möglich. Gerade die Sozial- und Umweltvorschriften sind in einigen Ländern weniger strikt. Jedoch „...eine generelle Forderung international vereinheitlichter Standards ist aber abzulehnen, da sich Länder nicht nur in ihren Faktorausstattungen, sondern auch bezüglich der Präferenzen und Einkommen der Bevölkerung unterscheiden." (Blank et al., 1998, S. 40).

Eine häufig praktizierte Protektionsform gegen Dumping stellen Maßnahmen des sogenannten Anti-Dumping dar. Eine solche Maßnahme wäre beispielsweise „...eine Erhebung einer Anti-Dumping-Abgabe, mit der Differenzen zwischen ausländischem und heimischem Preis eines Gutes ausgeglichen werden." (Blank et al., 1998, S. 15).

Ein **verminderter Verbraucherschutz** ist zu befürchten, wenn Standards auf den kleinsten gemeinsamen Nennern sind. Es können Qualitätsreduzierungen und ein vermehrter Einsatz gesundheitsgefährdender Stoffe impliziert werden.

Ein durchaus wichtiger Punkt ist die Problematik der **politisch konsequenten Umsetzung** der Maßnahmen und Durchführung der Integration. Denn diese ist mit Souveränitätseinbußen der beteiligten Staaten verbunden, nicht nur in politischen Fragen sondern auch im Bezug auf die wirtschaftliche Souveränität. Je tiefer die Integration, umso stärker sind die Einschränkungen der nationalen Regierungen der Mitgliedsstaaten. Der politische und auch der wirtschaftliche Aspekt von Einbußen der Souveränität wird in Punkt 2.3.3. näher erklärt und diskutiert.

Kritiker derartiger Zusammenschlüsse, wie der der Europäischen Union, befürchten, dass durch die wirtschaftliche Integration sich die teilnehmenden Staaten gegenüber dritten Staaten abschotten und **protektionistische Maßnahmen** ergreifen würden. In der Endkonsequenz sprechen sie von einer Abwendung vom Freihandel.

Die Gefahr beim grenzüberschreitenden Wettbewerb besteht darin, dass eine politisch geplante Harmonisierung von Regulierungen mit **hohen Transaktionskosten** verbunden sein kann, um auch das optimale Regulierungsniveau auf supranationaler Ebene auszuhandeln. Außerdem kann es vorkommen, dass das durchschnittliche Regulierungsniveau am Ende höher ist als in der Ausgangssituation und damit zwar diskriminierungsfreie aber ferner negative Wohlfahrtseffekte auslöst (Smeets, 1996, S. 66).

Mit einer fortschreitenden Integration der Gütermärkte sollten die nicht zu vernachlässigenden **Anpassungskosten** beachtet werden. Im Vordergrund stehen hierbei nicht die Vorteile der EU insgesamt, die daraus resultieren, dass die Produktionsfaktoren an den Ort der effizientesten Verwendung wandern. Im Vordergrund stehen die regionalen Umschichtungen der Investitionen und die somit notwendige Reallokation der Produktionsfaktoren (Smeets, 1996, S. 68). Das bedeutet natürlich auch, dass regional hohe Arbeitslosigkeit entstehen kann, die sich nicht sofort durch den eventuell gestiegenen Bedarf in anderen Bereichen abfedern lässt.

Durch eine größere Produktauswahl kann jedoch die **Transparenz des vergrößerten Marktes** verloren gehen. Das bedeutet, dass der Konsument den Überblick über neue Waren verlieren kann. Wenn die Transparenz nicht gewährleistet wird, könnten viele Produkte vom Markt verdrängt werden, weil der Konsument nicht weiß, dass es sie auf dem Markt gibt.

Weitere Auswirkungen einer Integration werden im Punkt 3.2 aufgegriffen.

2.3 Etappen der europäischen Integration bis zum heutigen Zeitpunkt

Im folgenden Abschnitt wird die wirtschaftliche Integration am Beispiel der Europäischen Union dargestellt. Aufgrund der Komplexität des Themas, wurde es in zwei Abschnitte unterteilt. Im ersten Unterpunkt sollen die frühen Anfänge der Europäischen Union mit ihrem Ausbau bis zum Mauerfall (1989) dargestellt und beschrieben werden. Im zweiten Teil soll auf die Entwicklung nach der Beendigung des Kalten Krieges bis zum heutigen Tag eingegangen werden. Die Darstellungen der einzelnen Daten und Etappen der Europäischen Union beziehen sich größtenteils auf die Ausführungen von Werner Weidenfelds Europa Handbuch. Im Vergleich zu anderer Literatur wurden die Sachverhalte klar dargestellt und chronologisch einwandfrei umgesetzt.

2.3.1 Die frühen Anfänge – erste Annäherung nach dem Zweiten Weltkrieg bis zur Realisierung des Binnenmarktes zum Mauerfall

Im Zusammenhang mit der Entstehungsgeschichte der Europäischen Union wird oft Winston Churchill zitiert, der in einer Rede kurz nach Kriegsende im September 1946 in Zürich an die Politiker appellierte, die **Vereinigten Staaten von Europa** zu gründen. Es waren die Staaten Kontinentaleuropas gemeint, die sich in zwei erbitterten Weltkriegen bekämpft haben. Großbritannien wurde jedoch erst nach 27 Jahren in die Europäische Gemeinschaft aufgenommen, am 1. Januar 1973 (Thiel, 1992, S. 14).

Drei Zielsetzungen waren ausschlaggebend bei den Bemühungen einen engeren Zusammenschluss der europäischen Staaten zu bewirken:
- der wirtschaftliche Wiederaufbau
- die politische Aussöhnung
- eine gemeinsame Verteidigung gegenüber dem Osten.

Auf dem Wege der ökonomischen Integration sah man den besten Weg zur Erfüllung dieser Ziele in Europa. Sie sah die Errichtung eines Gemeinsamen Marktes mit keinerlei internen Zollschranken sowie mit gemeinsamen Außenzöllen vor.

Bereits im **Januar 1948** schlossen sich Belgien, Luxemburg und die Niederlande zusammen und bildeten eine Zollunion (Weidenfeld, 2002, S. 887). 1949 wurde der Europarat gegründet, der jedoch die Souveränität der Mitgliedsstaaten weitgehend unberührt ließ. Es wurde ein parlamentarisches Gremium geschaffen, mit dem Charakter einer beratenden Versammlung und einem Vorschlagsrecht. Der Europarat stellte eine internationale

Organisation dar und entwickelte sich mit seinem strikt intergouvernementalen Charakter „...zu einem sehr nützlichen Rahmen für den Abschluss
von Konventionen der beteiligten Staaten - vor allem Menschenrechte, dann
aber auch auf kulturellem und technischen Gebiet - und wird deshalb auch
zurecht positiv bewertet." (Zippel, 1993, S. 4).

Den Grundstein für die heutige Europäische Union bildete jedoch die
Unterzeichnung des Pariser Vertrages zur **Gründung der Europäischen
Gemeinschaft für Kohle und Stahl** (EGKS) (auch Montanunion genannt)
am 18. April 1952. Gründerstaaten waren die Bundesrepublik Deutschland,
Frankreich, Italien, Luxemburg und die Niederlande. Der Vertrag trat am
25. Juli 1952 in Kraft und war für einen Zeitraum von 50 Jahren konzipiert.
Mit diesem völkerrechtlichen Vertrag zwischen den sechs Staaten wurden
gemeinsame Organe wie die hohe Behörde, die später in die Kommission
umbenannt wurde, die parlamentarische Versammlung, später Europäisches
Parlament und der Ministerrat wie der Gerichtshof in Erscheinung gerufen.
Somit war die Montanunion die erste wirklich supranationale europäische
Organisation zur damaligen Zeit.

Nachdem kriegswichtige Bereiche im Rahmen der EGKS erfolgreich
verwaltet wurden, war das nächste Ziel die Schaffung einer Europäischen
Verteidigungsgemeinschaft (EVG), einschließlich einer europäischen Armee
(Piepenschneider, 2002, S. 188). Dieses Vorhaben scheiterte jedoch 1954.
Eine politische Integration war zu diesem Zeitpunkt nicht möglich und somit
konzentrierte man sich auf die wirtschaftliche Integration.

Die Tendenz, die EGKS zu einer Zollunion werden zu lassen, führte 1957 zu
den Römischen Verträgen und damit zur Gründung der **Europäischen
Wirtschaftsgemeinschaft** (EWG, European Economic Community, EEC)
durch die Mitgliedsländer der EGKS. Das oberste Ziel war die Schaffung
einer Zollunion im Hinblick auf einen Gemeinsamen Markt, also neben
freiem Warenverkehr, Niederlassungsfreiheit, freiem Kapital- und
Dienstleistungsverkehr auch die Freizügigkeit für Arbeitskräfte, ergänzt

durch eine gemeinsame europäische Wettbewerbsordnung und Instrumente zu deren Durchsetzung.

Für einige Politikbereiche wurden statt eines Aufbaus einer gemeinsamen Politik nur die Koordinierung nationaler Maßnahmen angesteuert, das heißt, dass die Gemeinschaft ein Rahmen für abgestimmtes Handeln sein sollte. Außerdem hat die Gemeinschaft Abschlüsse von Assoziierungsabkommen vorgesehen, und zum anderen war die Gemeinschaft offen für neue Mitglieder, also für eine Erweiterung (Zippel, 1993, S. 7). Das zeigt sich darin, dass „...bis Ende der Sechziger Jahre (...) Zölle und Kontingente im innergemeinschaftlichen Warenverkehr abgeschafft [wurden]; gleichzeitig wurde schrittweise ein gemeinsamer Außenzolltarif geschaffen und die Kompetenz für Außenhandelspolitik ging auf die Gemeinschaft über." (Zippel, 1993, S. 7). Weiterhin wurden in den Jahren die Europäische Investitionsbank geschaffen sowie der Sozialfond eingerichtet, die „beide (...) mit ihren Ressourcen und Instrumenten auf die Errichtung und Gewährleistung des Gemeinsamen Marktes ausgerichtet [waren]." (Zippel, 1993, S. 7).

1956 entwickelten jedoch die Länder deren Integrationsbestrebungen weniger weit reichten, unter der Federführung Großbritanniens ein Freihandelskonzept, an dem ganz Westeuropa teilnehmen sollte. Die Befürchtung Großbritanniens lag in der „...Entwicklung eines supranationalen Systems, welches entweder dominiert durch einen Staat oder mit einem eigenen zentralistischen Machtapparat den Frieden der Welt gefährden könnte." (Blank et al., 1998, S. 44). Daraufhin gründeten 1960 sieben nicht der EWG angehörenden Staaten die **Europäische Freihandelszone** (European Free Trade Association - EFTA). Beteiligte Länder waren neben Großbritannien noch Schweden, Portugal, Österreich, Norwegen, Dänemark und die Schweiz. 1961 kam Finnland als assoziiertes Mitglied dazu. Island folgte 1971 und Liechtenstein 1991. Durch den zahlreichen Übertritt der Staaten in die EG / EU verlor die EFTA jedoch schnell an Bedeutung.

Der Fusionsvertrag zur Zusammenlegung der Exekutiven der drei Gemeinschaften EGKS, EWG und der Europäischen Atomgemeinschaft (EURATOM), die 1958 gegründet wurde, wurde 1965 unterzeichnet und trat am 1. Juli 1967 in Kraft (Weidenfeld, 2002, S. 889). Dieser Vertrag diente zur Einsetzung eines gemeinsamen Rates und einer gemeinsamen Kommission. Es entstand die **Europäische Gemeinschaft** (EG). Die Europäische Gemeinschaft schaffte ihre Binnenzölle schrittweise bis Mitte 1968 für gewerbliche bzw. bis 1970 für landwirtschaftliche Produkte ab und erhob seitdem einen gemeinsamen Zolltarif. Der freie Güterverkehr im Inneren der Gemeinschaft war damit gewährleistet.

Nachdem Großbritannien zweimal die Mitgliedschaft in der EG verweigert wurde, erstmals 1963 durch ein Veto General de Gaulles und ein zweites mal 1967 durch wiederholtes Veto aus Frankreich, schloss es sich gemeinsam mit Dänemark (einschließlich Grönland) und Irland 1973 der Europäischen Wirtschaftsgemeinschaft an und verließen die EFTA. Das hatte zur Folge, dass die Bedeutung der EG wie auch die Zahl ihrer Mitglieder zunahm. Die EFTA dagegen verlor zunehmend an Bedeutung und Einfluss.

Seit 1975 wurden die gesamten Zolleinnahmen an den EG-Haushalt abgeführt. 1978 wurde beim Europäischen Rat in Bremen von Frankreich und Deutschland ein Plan für eine engere monetäre Zusammenarbeit vorgestellt und 1979 trat das **Europäische Währungssystem** (EWS) in Kraft. Jedoch beschloss Großbritannien, sich nicht an dem System zu beteiligen.

1981 begann die **Süderweiterung** der Gemeinschaft mit dem Beitritt Griechenlands. 1983 gaben auf dem Stuttgarter Gipfel die Staats- und Regierungschefs eine Erklärung zur „Europäischen Union" ab. Somit wurde eine Deklaration zur Europäischen Union, in der die zehn Mitglieder ihren Wunsch zum Ausdruck bringen, eine Europäische Union zu errichten von den Staats- und Regierungschefs unterzeichnet (Weidenfeld, 2002, S. 892).

Der Vertragsentwurf zur Gründung der Europäischen Union wurde 1984 vom Europäischen Parlament verabschiedet. Noch im selben Jahr trat Grönland aus der EG aus.

1985 unterzeichneten Frankreich, Deutschland und die Beneluxstaaten einen Vertrag über freie Binnenmarktgrenzen und vereinfachten so den Weg für einen Binnenmarkt, die mit der Abschaffung der Polizei- und Zollformalitäten verbunden waren. Diese stellten sich jedoch als problematisch dar, so dass weitere Zusatzverhandlungen geführt werden mussten. Spanien und Portugal traten offiziell 1986 der Europäischen Gemeinschaft bei, woraufhin die zwölf Länder die **Einheitliche Europäische Akte** (EEA) unterzeichneten. Sie sollte Verträge reformieren und der europäischen Integration Auftrieb verleihen. Ihr Hauptziel war die Schaffung eines europäischen Binnenmarktes bis Ende 1992 und sie trat am 1. Juli 1987 in Kraft (Weidenfeld, 2002, S. 892).

2.3.2 Beitrittsverhandlungen mit MOE Staaten in der Luxemburg Runde und der Helsinki Runde

In diesem Kapitel wird auf die Beitrittsverhandlungen nach dem Fall der Mauer eingegangen. Nach den Veränderungen der weltpolitischen Lage, dem Fall der Mauer und der Beendigung des Kalten Krieges, orientierte sich die Integration in Richtung der postkommunistischen Staaten. Es fand eine Öffnung der ehemalig kommunistischen Länder Mittel- und Osteuropas statt, die zu ihrer Rückorientierung nach Europa führte. Es gab eine breite Zustimmung der EU-Mitgliedstaaten zu den Entwicklungen. Schon im Jahre 1989 nahm der Rat das **PHARE-Programm**[6] an. Dieses Programm dient der Unterstützung einer Umstrukturierung der Wirtschaft Polens und Ungarns. Erweitert wurde dieses Programm auf Bulgarien, Rumänien,

---

[6] **PHARE-Programm**: Ein Hilfsprogramm zur wirtschaftlichen Umgestaltung der osteuropäischen Länder, dass 1998 von 24 Ländern (EG, EFTA, USA, Kanada, Australien, Türkei, Neuseeland, Japan) beschlossen wurde. Die Koordinierung wurde der EK übertragen. Das Programm umfasst eine Vielzahl einzelner Projekte und Aktionen. Die Hilfe wird für Leistungen gewährt, die den wirtschaftlichen Reformprozess in den MOE -Staaten unterstützen (Hillenbrand, 2002b, S. 414).

Estland, Lettland, Litauen, Albanien, Slowenien, die Tschechische und die Slowakische Republik sowie auf Mazedonien.

1990 wurde nach langen Verhandlungen von Frankreich, Deutschland und den Beneluxländern ein Zusatzübereinkommen unterzeichnet. Dieses sogenannte **Schengener Übereinkommen**[7] ermöglicht die völlige Abschaffung der Personenkontrolle an den Binnengrenzen.

Am 1. Juli 1990 trat die **erste Stufe der Wirtschafts- und Währungs-union** in Kraft. „Damit verbunden sind die Aufhebung der meisten noch bestehenden Beschränkungen des Kapitalverkehrs, eine verstärkte Koordinierung der einzelstaatlichen Wirtschaftspolitiken und eine intensivere Zusammenarbeit der Zentralbanken." (Weidenfeld, 2002, S. 894). 1991 kam es zur Unterzeichnung eines neuen Assoziierungsabkommens, die sogenannten **Europa-Abkommen**, und **Interimsabkommen** zwischen der Gemeinschaft und Ungarn, Polen, der Tschechischen Republik sowie der Slowakischen Republik. Die Interimsabkommen traten 1992 in Kraft, die Europaabkommen mit Ungarn und Polen 1994. Sie „...enthalten eine Beitrittsperspektive und bezwecken die wirtschaftliche und politische Vorbereitung auf eine EU- Mitgliedschaft." (Lippert, 2002, S. 299). Europaabkommen, also bilaterale Assoziierungsverträge, zeichnen sich im Wesentlichen durch eine schrittweise Schaffung einer Freihandelszone zwischen den Mittel- und Osteuropäischen Staaten (MOE-Staaten) und der EU aus.

Im Rahmen des EG-Binnenmarktes wurde der **Gemeinsame Markt** realisiert. Es wurde ein Vertrag zwischen den EG und EFTA Staaten über

---

[7]**Schengener Abkommen**: Das Schengener Abkommen wurde als zwischenstaatliches Abkommen 1985 in Schengen (Luxemburg) abgeschlossen und sah den schrittweisen Abbau der Kontrollen an den Binnengrenzen der Mitgliedstaaten vor. Ein weiteres Zusatzabkommen regelte die Behandlung von Asylanträgen und die grenzüberschreitende Zusammenarbeit der Polizeibehörden. Am 26.03.1995 trat das Durchführungsabkommen zum Schengener Vertrag in Kraft. Es sah den vollständigen Abbau der Grenzkontrollen zwischen Belgien, Deutschland, Frankreich, Luxemburg, den Niederlanden, Spanien und Portugal vor. Italien und Österreich zogen 1998 nach und Griechenland 2000. Dänemark, Finnland und Schweden haben die Beitrittsprotokolle 1996 unterzeichnet und wenden diese zusammen mit den assoziierten Staaten Island und Norwegen seit 2001 an. Irland und Großbritannien gehören diesem Abkommen nicht an. Durch den Vertrag von Amsterdam wurde der so genannte Schengener Besitzstand in den Rechtsrahmen der EG überführt (Hillenbrand, 2002b, S. 416).

den **Europäischen Wirtschaftsraum** (EWR) 1992 in Porto unterzeichnet. Er diente dazu keine Grenzen zum EG-Binnenmarkt aufkommen zu lassen. Als einziges Mitglied der EFTA trat die Schweiz nicht dem EWR bei.

Im gleichen Jahr wurde der Vertag über die **Europäische Union** in Maastricht unterzeichnet. Beschlossen wurde eine Erweiterung der Befugnisse des Parlamentes und eine verstärkte Zusammenarbeit der Regierungen. Außerdem wurde eine größere Kooperation in der Außenpolitik entschieden sowie die Einführung einer einheitlichen Währung. Die Europäische Gemeinschaft entwickelte sich zu einer Wirtschafts- und Währungsunion (EWWU) weiter.

Im Laufe der europäischen Integration und des Einigungsprozesses wurde ein einheitliches Regelwerk geschaffen, das für alle Mitgliedstaaten gilt und für den weiteren Verlauf der Integration bzw. der Osterweiterung von großer Bedeutung ist, der „acquis communautaire". „Dieser sogenannte ‚acquis communautaire'[8] umfasst (1) den Inhalt, die Prinzipien und die politischen Ziele der Verträge (einschließlich die der Verträge von Maastricht 1992, Amsterdam 1997 und Nizza 2000); (2) die Gesetzgebung auf der Basis der Verträge und die Rechtsprechung des europäischen Gerichtshofes; (3) die angenommenen Stellungnahmen und Resolutionen innerhalb des EU-Rahmens; (4) die Positionen, Erklärungen und Entscheidungen im Rahmen der gemeinsamen Außen- und Sicherheitspolitik; (5) die Personen, Entscheidungen und angenommenen Konventionen im Rahmen der

---

[8]**acquis communautaire**: Der acquis communautaire ist der gemeinschaftliche Besitzstand der Europäischen Union. Inbegriffen sind sämtliche gültigen Verträge und die Rechtsakte und Direktiven, die seit Beginn der Europäischen Gemeinschaft erlassen wurden. Eine wesentliche Bedingung für die Erweiterung der Europäischen Union ist die vollständige Übernahme des acquis durch die Beitrittsländer. Im Rahmen der Beitrittsverhandlungen müssen die beitrittswilligen Länder alle 31 Kapitel des acquis abarbeiten und die Verhältnisse in ihrem eigenen Land nach und nach an die im acquis festgelegten Standards anpassen. (http://www.politikerscreen.de/t-online/lexikon_detail.asp?ID=508, 13.06.2003). Laut dem Lexikon von Politikerscreen, leiten sich die Regeln des acquis aus sechs Quellen ab: Den Inhalten aus den Verträgen der Europäischen Union, der Gesetzgebung und Rechtssprechung des Europäischen Gerichtshofs, den Stellungnahmen und Resolutionen innerhalb des EU-Rahmens, den Positionen, Erklärungen und Entscheidungen im Rahmen der gemeinsamen Außen- und Sicherheitspolitik, den Positionen, Entscheidungen und Konventionen im Rahmen der gemeinsamen Justiz- und Innenpolitik sowie den internationalen Abkommen der EU (http://www.politikerscreen.de/t-online/lexikon_detail.asp?ID=508, 13.06.2003). Inhaltlich wird in den einzelnen Kapiteln auf wirtschaftliche, politische und rechtliche Themen eingegangen. Bei den derzeitigen Beitrittverhandlungen mit den 10 Ländern die 2004 beitreten sollen, stellt sich die Landwirtschaft als größtes Problem für die Mitgliedskandidaten dar.

gemeinsamen Justiz- und Innenpolitik und (6) die internationalen Abkommen der EU sowie Vereinbarungen zwischen den Mitgliedstaaten, die mit Bezug auf besondere EU-Aktivitäten geschlossen worden sind." (Piazolo, 2002, S. 172).

Der europäische Binnenmarkt und der Europäische Wirtschaftsraum wurden im Jahre 1993 verwirklicht, welche die Ziele der einheitlichen Europäischen Akte waren. Zudem wurden **neue Europa-Abkommen** mit Rumänien, Bulgarien und Slowenien abgeschlossen. Im selben Jahr fand das Treffen der Regierungs- und Staatschefs in Kopenhagen statt. Angekündigt wurde eine Wachstumsinitiative, die langfristig wirtschaftliches Wachstum, Wettbewerbsfähigkeit und Beschäftigung fördern sollte. Es wurde die **Osterweiterung** der Gemeinschaft **beschlossen**, wobei jedoch die assoziierten Staaten Mittel- und Osteuropas politische sowie wirtschaftliche Bedingungen erfüllen müssten, bevor sie als Mitglieder akzeptiert werden könnten. Die Übernahme des gemeinsamen Besitzstandes, dem sogenannten „acquis communautaire" ist wichtiger Bestandteil, wenn eine Mitgliedschaft angestrebt wird.

Auf dem Gipfel in Kopenhagen wurden weiterhin Kriterien bestimmt, die sogenannten **Kopenhagener Kriterien**, die für den Betritt zur Europäischen Union als Grundlage zur Entscheidung über die Aufnahme neuer Kandidaten gelten:
> Stabilität der Demokratie und ihrer Institutionen
> Funktionierende Marktwirtschaft
> Übernahme der europäischen Gesetzgebung
> Einverständnis mit den Zielen der Politischen Union
> Übernahme der EU- Verträge
> Gemeinsame Außen- und Sicherheitspolitik (Weidenfeld/Wessels, 2002, S 40 f.)

Letztendlich trat 1993 nach Abschluss des Ratifizierungsprozesses der Vertrag über die Europäische Union in Kraft.

Die **zweite Stufe der Wirtschafts- und Währungsunion** trat 1994 zeitgleich mit dem Abkommen über die Errichtung des Europäischen Wirtschaftsraums in Kraft und in dessen Zuge wurde das Europäische Währungsinstitut errichtet. Eine weitere Gruppe von Ländern trat der EU 1995 bei, Österreich, Finnland und Schweden. In Amsterdam tagte der Europäische Rat und entwickelte einen neuen Vertrag, der 1997 durch die Außenminister der Mitgliedsstaaten unterzeichnet wurde. Der **Vertrag von Amsterdam** enthält verschiedene Bestimmungen zur Gewährleistung eines reibungslosen Übergangs zur dritten Stufe der Wirtschafts- und Währungsunion. Er ermöglicht außerdem eine Erweiterung des Bereiches der gemeinsamen Handelspolitik auch auf internationale Verhandlungen und Übereinkünfte über Dienstleistungen und Rechte des geistigen Eigentums (Blank et al., 1998, S. 117). Weiterhin beruhen auf diesem Vertrag die Grundlagen für eine künftige Erweiterung der EU.

Im März 1998 wurden von der Europäischen Kommission Reformvorschläge für die EU Gesetzgebung vorgelegt, die den Zeitraum 2000-2006 betreffen und verschiedene Ziele anstrebten. Diese Vorschläge wurden unter dem Namen **Agenda 2000**[9] zusammengefasst. Die Vorschläge können unterteilt werden in Reformen für die Landwirtschaft, in Struktur- und Kohäsionsfonds, in Instrumente zur Vorbereitung auf den Betritt, in finanzielle Vorausschau und in interinstitutionelle Vereinbarungen (Weidenfeld, 2002, S. 901).

---

[9]Die Agenda 2000 auf der Sitzung des Europäischen Rats 1999 in Berlin beschlossen. Allgemein gesagt, ist die Agenda 2000 ein umfangreiches Reformpaket zur Umstrukturierung der Agrar- und Strukturpolitik. Wichtigstes Ziel war, neben weiteren Zielen, die Reform der Landwirtschafts- und Strukturpolitik. Den die Agrarpolitik macht immerhin 50 % des Gemeinschaftshaushalts der EU aus. Die gemeinsame Agrarpolitik (GAP) hatte zum Ziel, „die internationale Wettbewerbsfähigkeit der EU-Landwirtschaft zu stärken, die landwirtschaftlichen Einkommen zu sichern sowie den Verbraucher- und Umweltschutz zu gewährleisten" (Giering, 2002a, S. 54). Der zweitgrößte Anteil am EU Haushalt hat mir ca. 30 % die Regional-, Struktur- und Kohäsionspolitik. Das „Ziel ist die Stärkung des wirtschaftlichen und sozialen Zusammenhalts sowie eine Angleichung der Lebensverhältnisse in den Regionen der EU (Giering, 2002a, S. 55).Weiterhin ging es um die Festlegung des Finanzrahmens der Europäischen Union (EU) für den Zeitraum 2000-2006 sowie die Begrenzung und Zuordnung von Finanzmitteln, um auf diesem Weg bestehende Defizite zu beheben und die Osterweiterung der EU zu ermöglichen. Laut Weigelt et al. wollte die EU „ interne Reformen, die finanzielle Solidarität der Altmitglieder sowie die Begrenzung der Ausgaben als Folge der Osterweiterung bis 2006 in einem Entscheidungsakt erreichen" (Weigelt et al., 2002, S. 480).

Im gleichen Jahr wurde die **Europäische Zentralbank** (EZB) errichtet, womit das Europäische Währungsinstitut abgelöst wurde.

1998 war auch der offizielle Beginn der **Betrittsverhandlungen** mit den MOE-Staaten: Estland, Polen, Slowenien, der Tschechischen Republik, Ungarn und Zypern, der sogenannten **Luxemburg-Gruppe**. In Luxemburg beschloss der Europäische Rat eine Heranführungsstrategie. Abgestimmt wurden kurz- und mittelfristige Prioritäten für die Beitrittsverhandlungen und finanzielle Mittel zur Unterstützung der EU. Die finanziellen Mittel werden aus dem bereits genannten PHARE-Programm geschöpft, dessen Ziel die Schaffung europafähiger Verwaltungsstrukturen in den Beitritts-ländern ist (Lippert, 2002, S. 129 ff.).

Im Dezember 1999 beschloss der Europäische Rat weitere **Beitritts-verhandlungen** mit den MOE-Staaten Bulgarien, Lettland, Litauen, Malta, Rumänien und der Slowakei, der sogenannten **Helsinki-Gruppe** zu führen. Die Regierungschefs sprachen sich dafür aus, im Februar 2000 bilaterale Konferenzen abzuhalten, um über den weiteren Verlauf der Beitritts-verhandlungen der Staaten zu bestimmen. Im Dezember 2000 trafen sich 10 Außenminister und rund 30 Minister zum Gipfeltreffen in Nizza, um über den weiteren Verlauf der Erweiterung zu diskutieren. Auf der Tagesordnung standen „...Fragen, die sich mit der Zusammensetzung der Kommission, des Europäischen Parlamentes, mit der Stimmengewichtung im Europäischen Rat und mit Entscheidungen, die eine qualifizierte Mehrheit benötigen, beschäftigen." (Weidenfeld, 2002, S. 904). Weitere Themen waren die Grundrechtcharta, die Erweiterung der EU, die gemeinsame Sicherheits- und Verteidigungspolitik sowie die Wirtschafts- und Sozialpolitik. Der Gipfel endete mit der Unterzeichnung des **Vertrages von Nizza** durch die Regierungschefs.

Ab dem 1. Januar 2002 fand die offizielle Einführung der neuen gesamteuropäischen **Währung „Euro"** statt. Die Euromünzen und Geldscheine wurden offizielles und alleiniges Zahlungsmittel in zwölf teilnehmenden Ländern der Wirtschafts- und Währungsunion. Im Oktober 2002 beschloss die Kommission, dass die Beitrittsverhandlungen mit Zypern, der Tschechischen Republik, der Slowakischen Republik, Estland, Lettland, Litauen, Malta, Polen, Slowenien, Ungarn und Zypern bis Ende des Jahres abgeschlossen werden sollten. Sie kamen zu dem Schluss, dass die Länder der Helsinki Runde 2004 für eine Mitgliedschaft in der Europäischen Union bereit sein würden.

Einen Spezialfall bei der Erweiterung der EU hat schon immer die Türkei dargestellt. Die Türkeifrage wurde aber in dieser Arbeit mit Absicht außer acht gelassen, denn zum einen war die Ausführung in diesem Rahmen nicht vorgesehen und hätte zum anderen eine Vielzahl spezieller Ausführungen erfordert.

2.4 Politische Umsetzung, Grenzen und Konflikte bei der Integration

Im folgenden Abschnitt soll erörtert werden, wo die Grenzen der Integration liegen. Grenzen sind diesbezüglich nicht nur territorial zu sehen sondern u.a. auch in der politischen Umsetzung, im finanziellen Bereich sowie in dem Verharren in Nationalstaatlichkeit. Wieviel Macht und Kontrolle sind die bereits integrierten Staaten bereit abzugeben und welche Konflikte sind vorprogrammiert oder könnten durch die „Machtkonkurrenz" entstehen? Kann der Europäische Machtapparat mit seinen veralteten Strukturen eine weitere Erweiterungsrunde verkraften oder müssen institutionelle Veränderungen vorgenommen werden? Ist die Erweiterung bzw. die Integration der postkommunistischen Staaten in die Europäische Union finanzierbar und auf politischer Ebene tragbar?

Folgende **Konfliktlinien** stehen im Zentrum der Betrachtung: Steuerungs-konflikte und Souveränitätskonflikte; Statusinteressen und Machtkonkurrenz sowie Verteilungsinteressen und Allokationskonflikte.

Steuerungs- und Souveränitätskonflikte ergeben sich beispielsweise bei einer Osterweiterung. Es liegen Befürchtungen nahe, dass die Stimmgewichtung im Rat sich verschieben könnte und das zu ungunsten mancher bereits integrierter Staaten. Die Stimmen im Rat werden nach der Bevölkerungszahl des jeweiligen Mitgliedstaates verteilt (Giering et al., 1999, S. 48). Jedoch gibt es die Überlegung, ob dieses Prinzip nicht verändert werden sollte, denn die Stimmengewichtung in der Europäischen Zentralbank (EZB) wurde schon verändert. Es stellt sich demnach die Frage, wie die künftige institutionelle Gestaltung aussehen soll. Das heißt, eine Festlegung für welche Politikbereiche eine erweiterte Union künftig in welcher Form zuständig sein soll (Decker, 2002, S. 16 ff.). Somit entsteht ein Konflikt für viele Staaten, denn es fällt ihnen schwer ihre Souveränität abzugeben, ob nun aufgrund geringer Bevölkerungszahlen oder schwächerer Finanzkraft. Das gilt für die Mitgliedstaaten aber auch für die im Jahr 2004 dazukommenden Länder.

Statusinteressen und Machtkonkurrenz lassen sich auch im bereits erwähnten Konflikt über den Weg und das Ziel der künftigen Integration ausmachen. Die Konflikte ergeben sich aus den verschiedenen Haltungen über die Bildung einer wirtschaftlichen und/oder politischen Union. Einerseits gibt es die Supranationalisten und zum anderen die Intergouvernementalisten. Die Supranationalisten befürworten anstelle eines semi-präsidentiellen Regierungssystems, welches von den Intergouvernementalisten bevorzugt wird, ein parlamentarisches Regierungssystem, so wie es in den meisten EU-Mitgliedstaaten vorherrscht (Decker, 2003, S. 18).

Beispielsweise sind Großbritannien und Dänemark grundsätzlich für eine Osterweiterung, lehnen jedoch eine Verstärkung der Institutionen ab, die als zunehmende Zentralisierung interpretiert wird. Es wird eine skeptische Haltung gegenüber supranationalen Entscheidungsorganen eingenommen was den intergouvernementalen Ansatz kennzeichnet. (Giering et al., 1999, S. 48). Giering erläutert das folgendermaßen: Während eine Mehrzahl der Theorien die Nationalstaaten (der Föderalismus und der Intergouvernementalismus) als Hauptakteure betrachten, so stellen die Neofunktionalisten die Gemeinschaftsorgane und die bürokratischen Eliten ins Zentrum (Giering, 2002b, S. 266).

Daher gilt es „...eine Balance zwischen effektiven Entscheidungsstrukturen im Mehrebenensystem einerseits und der Berücksichtigung der Relevanz und Schutzbedürfnisse der einzelnen Mitgliedstaaten andererseits zu finden." (Giering et al., 1999, S. 48), denn schon bei einem Entwurf von institutionellen Reformen müssen die unterschiedlichen Präferenzen der einzelnen Mitglieder der EU berücksichtigt werden. Fraglich ist also, wer die entscheidenden Akteure im Integrationsprozess und innerhalb des integrierten Raumes sind und in Zukunft sein werden.

Zusammenfassend lässt sich die Frage der Bereitschaft einzelner Staaten, im Laufe der Integration Souveränität abzugeben, nur damit beantworten, dass die Staaten noch einen langen Weg vor sich haben und in weiter Zukunft noch Konflikte und Diskussionen ausgetragen werden müssen. Nach ausgiebiger Literaturrecherche zeigt sich, dass die Staaten zum jetzigen Zeitpunkt kaum bereit sind noch mehr ihrer Souveränität abzugeben und auf supranationaler Ebene mit supranationalen Institutionen Europa zu regieren. Es gibt zwar supranationale Institutionen wie den Europäischen Rat, das Parlament oder auch die Kommission, aber „...die Gründungsidee - gemeinsamer Souveränitätsgewinn durch nationale Souveränitätsbeschränkung - könnte einigen Beitrittskandidaten ebenso wie schon einigen der später hinzugekommenen heutigen Mitgliedsstaaten weitgehend fremd bleiben." (Weidenfeld/Giering, 2002, S. 796). Giering führt dies genauer aus: „Ein Blick auf die Reformen der Einheitlichen Europäischen Akte 1985 bis hin zu Nizza 2001 mag dies belegen: In weiten Teilen der Verträge wurden intergouvernementale Verfahren und Institutionen gestärkt." (Giering, 2002b, S. 266). Damit zeigt sich, dass die Stärkung supranationaler Institutionen seitens der Regierungen stetig untergraben oder zeitlich in die ferne Zukunft verlagert wird.

Jedoch hat die EU eine bis heute gültige Lösung gefunden, um auf das Dilemma des Konfliktes zwischen den Intergouvernementalisten und den Supranationalisten einzugehen: das Prinzip der differenzierten Integration. Das bedeutet die Möglichkeit des „Ausklinken" einiger Staaten aus der Verfolgung bestimmter Integrationsziele innerhalb des bestehenden Institutionssystems, wie beispielsweise der Währungsunion, einerseits und andererseits eine Verfolgung weitergehender Integrationsziele von einer anderen Gruppe von Staaten (Schengener- Abkommen) (Decker, 2002, S. 21).

Besonders eng mit der „Machtfrage" hängen die **Verteilungsinteressen und Allokationskonflikte** zusammen, womit der Bogen zu den wirtschaftlichen Grenzen gespannt werden soll, „denn die jeweilige Beteiligung der einzelnen Mitgliedstaaten entscheidet jenseits von Statusmotiven auch konkret über den tatsächlichen Einfluss der einzelnen Mitgliedstaaten auf die Verteilung der finanziellen Ressourcen und die Höhe der Nettozahlungen bzw. -belastungen." (Giering et al., 1999, S. 49). Schon bei beiden Süderweiterungen (siehe Punkt 2.3) befürchteten viele, dass es Probleme bei der Umverteilung der Gelder geben könnte.

Staaten wie Spanien und Portugal haben viele Bedenken, was eine rasche Osterweiterung angeht. Sie stehen jedoch einer verstärkt supranationalen Entscheidungsfindung nicht abwehrend gegenüber. Die Befürchtungen liegen aber darin, dass diese Staaten mit finanziellen Einbußen durch eine Umverteilung der Strukturfondsmittel rechnen. Weiterhin „...würde eine Erweiterung das relative Gewicht der Südländer in den Gemeinschafts- organen und damit ihr Einflusspotential auf finanzrelevante Entscheidungen einschränken." (Giering et al., 1999, S. 49).

Im Rahmen der Verhandlungen über die Politiken der Agenda 2000 (siehe Punkt 2.3.2) wird diese Konfliktlinie weitergeführt, da die vorzunehmenden Einsparungen zur Finanzierung der Osterweiterung alle Mitgliedstaaten betreffen. „In diesem Kontext ist den Mitgliedstaaten die Bedeutung des institutionellen Gefüges für die Gemeinschaftspolitiken und –finanzen deutlich vor Augen geführt worden, vor allem wenn die Osterweiterung mit einer Ausweitung der Mehrheitsentscheidungen in der Agrar- und Strukturpolitik, die derzeit rund 80 Prozent des Gemeinschaftsbudget ausmachen, verbunden werden soll." (Giering et al., 1999, S. 49 f.).

Ein **weiterer Ansatz** in dem eine Grenze der Integration liegen könnte, sind die **veralteten Strukturen**, wie beispielsweise die Administration, der bürokratische Apparat und die Finanzierungmethoden mit denen die EU zu kämpfen hat. „Die Strukturen, die in den Fünfzigerjahren für sechs Länder entworfen wurden, sollen jetzt, ein halbes Jahrhundert später, für den Zusammenschluss von 27 und mehr Staaten tragfähig sein." (Weidenfeld/Giering, 2002, S. 787). Demnach stellt sich die Frage ob das überhaupt möglich ist, denn wenn nicht, würde das bedeuteten, dass die EU institutionellen Reformbemühungen nachgehen muss, um ihre Handlungs-fähigkeit in Bezug auf die Integration zu steigern. Besonders das folgende Grundproblem zeigt sich: „Die Entscheidungen auf europäischer Ebene greifen immer tiefer in die Rechte der Mitgliedstaaten und ihrer Bürger ein - die EU muss daher die demokratische Legitimation ihrer Gesetzgebung gewährleisten." (Weidenfeld/Giering, 2002, S. 787).

Obwohl die Entscheidungs- und Handlungsmaschinerie noch nicht reibungs-los genug funktioniert, treten die Schwachpunkte der EU hinsichtlich Effizienz, Transparenz und demokratischer Legitimität immer stärker hervor (Delors, 2002, S. 854). Das bedeutet, dass die institutionellen Mechanismen an ihre Grenzen stoßen, denn sie sind zu langsam, zu undurchsichtig und es mangelt an einer klaren Kompetenzverteilung und an demokratischer Kontrolle. Die Schwierigkeit besteht in der Art und Weise, in der die sogenannte „Gemeinschaftsmethode" angegangen werden soll. Essentiell ist zukünftig also die Effektivität, Übersichtlichkeit und demokratische Kontrolle in Einklang zu bringen (Delors, 2002, S. 856).

Abschließend ist zu sagen, dass es mit einer steigenden Anzahl der Mitgliedstaaten immer schwieriger wird, das Ziel einer politischen Union - der intensivsten Form der Integration - zu erreichen. Es müssen angemessene Ziele für die Finalität Europas gesteckt werden. Der ursprüngliche Gedanke zur Gründung der EU bietet hier womöglich den besten Ansatz, um das Ziel nicht aus den Augen zu verlieren: „Integration findet statt, um die Wahrung des Friedens in der Region, die Durchsetzung gemeinsamer Interessen gegenüber Dritten, die Gewährleistung von Freiheit und Demokratie sowie Herstellung gesellschaftlichen Wohlstands durch die Bündelung ökonomischer Ressourcen zu erreichen." (Giering, 2002b, S. 266). Denn „...je weiter und je tiefer der Integrationsprozess reichen wird, desto nachdrücklicher wird die Frage gestellt werden, was dieses Europa zusammen hält und welchem verbindenden Konzept die Ausdehnung folgt." (Bertelsmann Forschungsgruppe, 2001, S. 3).

3   Der Wettbewerb und die Wettbewerbspolitik als Beispiel eines Integrationsbereiches auf Europäischer Ebene

Der Wettbewerb steht im Zentrum des marktwirtschaftlichen Wirtschaftsgeschehens in der EU, mit seiner Funktion die Wirtschaft weiterzuentwickeln und voranzutreiben. Er hält alle Akteure zu Kreativität und Disziplin an und garantiert so, dass die Teilnehmer am Wirtschaftskreislauf sehr schnell in den Genuss der relativ besten marktlichen Problemlösungen gelangen. In diesem Kapitel wird der Wettbewerbsbegriff sowie der Terminus Wettbewerbspolitik definiert. Weiterhin findet eine Betrachtung der Auswirkungen einer Integration auf den Wettbewerb und die Wettbewerbspolitik aufgezeigt.

3.1   Der Wettbewerb – Begriffsklärung und Determinanten

In den folgenden Abschnitten sollen die Termini Wettbewerb und Wettbewerbspolitik definiert und näher erläutert werden. In diesem Zusammenhang wird auf die Europäische Wettbewerbspolitik eingegangen und deren Zielsetzung. Im zweiten Unterpunkt werden Institutionen zur Überwachung des Wettbewerbs vorgestellt und näher erläutert.

3.1.1   Definition Wettbewerb und Wettbewerbspolitik

Der **Begriff des Wettbewerbs** ist äußerst vielfältig und vielschichtig. Daher soll er vorerst definiert und näher erläutert werden. Wettbewerb kann in vielen Bereichen auftreten, wie beispielsweise in den Bereichen der Politik, der Wissenschaft, der Wirtschaft oder im sozialen Bereich oder anderen zahlreichen gesellschaftlichen Bereichen. Im Zusammenhang mit jedem dieser Bereiche wird sich eine andere Definition in der Literatur finden lassen.

Allgemein konkurrieren in einem Wettbewerb zwei oder mehr Personen, Personengruppen oder Institutionen um etwas, dass für alle gleichzeitig von großem Interesse ist. Dabei versucht jeder Wettbewerber einen Vorteil gegenüber dem anderen zu erlangen und diesen damit auszuboten, indem verschiedene Strategien angewendet werden (z.b. Kommunalpolitik bei Städten im Wettbewerb um Einwohner) (Seidel, 2002, S. 455).

Die vorliegende Arbeit beschäftigt sich vorrangig mit **wirtschaftlichem Wettbewerb**. Dazu gibt es viele Definitionen von verschieden Autoren, die anschließend kurz aufgezeigt werden.

Seidel argumentiert, dass der wirtschaftliche Wettbewerb in „der *Rivalität um Geschäftsabschlüsse*" besteht (Seidel, 2002, S. 455). Denn „Anbieter und Nachfrager müssen ihren Geschäftspartnern günstige Geschäfts-bedingungen einräumen, um auf den Märkten erfolgreich zu sein" (Seidel, 2002, S. 455). Dabei ist auf „günstige Preise (Preiswettbewerb), hohe Produktqualitäten sowie vorteilhafte Absatz- und Vertriebsmethoden (Qualitätswettbewerb)" zu achten, sowie auch auf eine gute Werbung (Seidel, 2002, S. 455).

Das Gabler Wirtschaftlexikon stellt den Wettbewerb als *Existenz von Märkten mit mindestens zwei Anbietern oder Nachfragern* dar, die sich antagonistisch verhalten. Somit ist eine Komplementarität von Anreiz- und Ordnungsfunktion gegeben (Gabler Wirtschaftslexikon, CD ROM, 1997).

Bei Schmidt und Schmidt wird der Wettbewerb als ein Prozess bezeichnet, in dem *freie Konkurrenz zwischen mehreren Anbietern* in einer Volks-wirtschaft stattfindet (Schmidt/Schmidt, 1997, S. 1 ff.).

Letztendlich haben alle Definitionen den gleichen **Kern**: Wettbewerb ist immer mit Konkurrenz, Innovationen und Weiterentwicklung verbunden.

In einer Marktwirtschaft erfüllt der Wettbewerb verschiedene Aufgaben, die sogenannten **Wettbewerbsfunktionen**. Sie lassen sich in klassisch-politische Wettbewerbsfunktionen, in statische Wettbewerbsfunktionen und in dynamische Wettbewerbsfunktionen gliedern (Seidel, 2002, S. 455). Zur Veranschaulichung soll die Tabelle 2 dienen.

Tab. 2: Wettbewerbsfunktionen

Klassisch-politische Wettbewerbsfunktionen	Statische Wettbewerbsfunktion	Dynamische Wettbewerbsfunktion
➤ Begrenzung staatlicher Macht gegenüber Privaten ➤ Kontrolle privater Wirtschaftsmacht	➤ Zusammensetzung des Güterangebots nach Konsumentenbedürfnissen ➤ Optimale Verwendung der Produktionsfaktoren ➤ Einkommensverteilung gemäß Marktleistung	➤ Innovationen bei Produkten und Produktionsverfahren ➤ Imitationen und generell hohe Anpassungsfähigkeit

Quelle: Eigene Darstellung nach Seidel, 2002, S. 457

Die systemischen Voraussetzung um Wettbewerb zu betreiben, ist eine Marktwirtschaft. Denn in einer Planwirtschaft wird der Wirtschaftsprozess hauptsächlich durch den Staat gesteuert, währenddessen in einer Marktwirtschaft der Wirtschaftsprozess durch den privaten Wirtschaftsteilnehmer und den Wettbewerb dirigiert wird, was „marktwirtschaftliche Selbststeuerung auf Grundlage wirtschaftlicher Freiheitsrechte" (Seidel, 2002, S. 455) bedeutet. Außerdem wird der Wettbewerb durch die Wirtschaftsmacht der Privaten kontrolliert (Seidel, 2002, S. 455). Daher auch die Bezeichnung „klassisch-politische Wettbewerbsfunktionen", da sie gesellschaftspolitisch bedeutsam sind.

Die statischen Wettbewerbsfunktionen werden bei konstanten wirtschaftlichen Größen besonders erfüllt. Im Gegensatz dazu werden Wettbewerbsfunktionen als dynamisch bezeichnet, „weil sie gesamtwirtschaftliche Änderungen im Zeitablauf berücksichtigen" (Seidel, 2002, S. 455).

Ein freier, unkontrollierter Wettbewerb führt in der Regel früher oder später zu monopolistischen Strukturen. Er löscht sich also in seiner Konsequenz selbst aus und verkehrt sich in sein Gegenteil (Seidel, 2002, S. 457). In diesem Prozess reduzieren sich die Vorteile, die der Wettbewerb mit sich bringen kann zwangsläufig. Um dies zu verhindern muss der Wettbewerb reguliert werden. Dies geschieht durch die Wettbewerbspolitik, die deshalb als eine Determinante des Wettbewerbs bezeichnet werden kann.

Im Zusammenhang mit dem Terminus Wettbewerb ist also auch die **Wettbewerbspolitik** zu definieren. Die Wettbewerbspolitik umfasst alle staatlichen Maßnahmen, die der Aufrechterhaltung des Wettbewerbs dienen. Das bedeutet, dass mit Mitteln der Wettbewerbspolitik dafür gesorgt werden soll, „dass sich der Güter- und Leistungsaustausch zwischen den Anbietern und Nachfragern auf dem Binnenmarkt unter den Bedingungen des Wettbewerbs vollzieht" (Behrens, 2002, S. 210). Dies geschieht unter anderem „durch eine aktive Gestaltung der Wettbewerbsvoraussetzungen, indem die Märkte offen gehalten" werden sowie durch „eine defensive Bekämpfung der verschiedenen wettbewerbsbeschränkenden Strategien" (Gabler Wirtschaftslexikon, CD ROM, 1997).

Die **Wettbewerbspolitik der Europäischen Union** findet Ausdruck in den rechtsverbindlichen Regelungen des EG-Vertrages. Der Wettbewerb und die Wettbewerbspolitik gehören von den Anfängen der Europäischen Union zu den zentralen Säulen der Integration. Denn „ohne eine gemeinwirtschaftliche Wettbewerbspolitik lässt sich das Ziel der Schaffung eines Gemeinsamen Marktes – später ergänzt um das Ziel der Schaffung eines Binnenmarktes – nicht realisieren." (Schmidt, 2001, S. 365). Der EG-Vertrag in der römischen Fassung konstitutionalisierte eine umfassende Wettbewerbsordnung, die auch noch heute unverändert Bestand hat und für alle bereits integrierten Länder gelten soll. Somit bildet „die Wettbewerbspolitik das ordnungspolitische Fundament des europäischen Integrationsprozesses" (Schmidt, 2001, S. 365). Die gemeinschaftliche Wettbewerbspolitik führte dazu, „dass in allen Mitgliedsstaaten funktionsfähige Wettbewerbsordnungen in nationales Recht überführt worden sind" (Schmidt, 2001, S. 366).

Die **Zielsetzung der europäischen Wettbewerbs und der Wettbe-werbspolitik** dient vor allem in erster Linie der Errichtung und der Wahrung der Einheit eines Gemeinsamen Marktes und des europäischen Binnenmarktes. Wie schon im EWG-Vertrag ist das Hauptziel die Förderung einer harmonischen Entwicklung des Wirtschaftslebens innerhalb der Gemeinschaft.

Laut Schmidt steht die europäische Wirtschaftspolitik in einem unmittel-baren Beziehungszusammenhang zu den vier Grundfreiheiten. Denn „ein umfassender Schutz dieser Grundfreiheiten im Binnenmarkt ist nur möglich, wenn es den Mitgliedsstaaten mittels einer gemeinschaftlichen Wettbewerbspolitik untersagt wird, durch private oder staatliche Maßnahmen den freien Austausch von Personen, Gütern, Dienstleistungen und Kapital zu beeinträchtigen" (Schmidt, 2001, S. 366).

Um dies zu gewährleisten und „um Wettbewerbsbeschränkungen im Binnenmarkt auszuschließen, verfolgt die gemeinschaftliche Wettbewerbs-politik drei Ziele :

> ➢ Öffnung der nationalen Märkte
> ➢ Beseitigung bestehender Wettbewerbsverfälschungen
> ➢ Förderung eines wirksamen Wettbewerbs als Steuerungsinstrument des marktwirtschaftlichen Geschehens" (Schmidt, 2001, S. 366).

Weitere Ziele sind „die Aufrechterhaltung eines wirksamen Wettbewerbs als effizienten Steuerungsmechanismus wirtschaftlicher Vorgänge, der hauptsächlich durch die Konzentration wirtschaftlicher und finanzieller Macht bedroht ist" (Schmidt/Schmidt, 1997, S. 6) sowie auf die wirtschaftlichen Gerechtigkeit hinzuwirken.

Ein **Grundsatz der wirtschaftlichen Gerechtigkeit** verlangt unter anderem, dass „bei der Anwendung der Wettbewerbsregeln die wirtschaftliche Situation der einzelnen Unternehmen berücksichtigt wird; insbesondere kleine und mittlere Unternehmen sollen aufgrund ihrer

schwachen Marktposition gefördert werden" (Schmidt/Schmidt, 1997, S. 7).
Unter dem Aspekt der Gerechtigkeit der Wettbewerbspolitik ist es von
Bedeutung, dass „die legitimen Interessen der Arbeitnehmer und
Verbraucher Beachtung finden." (Schmidt/Schmidt, 1997, S. 7). Um
innerhalb eines Binnenmarktes ein Wettbewerbssystem zu errichten, dienen
die Wettbewerbsregeln der Gemeinschaft, deren Grundlage die Art. 81 und
82 des EG-Vertrages bilden, sowie die Fusionskontrollverordnung (Behrens,
2002, S. 211).

Damit es nicht zu einem Missbrauch einer marktbeherrschenden Stellung
kommt, wie beispielsweise bei einer Monopolbildung, dient die Fusionskontrolle der Europäischen Union. In einer Verordnung des Ministerrats der
Europäischen Gemeinschaft über die Kontrolle von Zusammenschlüssen
vom 21. Dezember 1989 ist vorgesehen, dass bei Zusammenschlüssen, „die
eine beherrschende Stellung begründen oder verstärken, durch welche
wirksamer Wettbewerb im Gemeinsamen Markt oder in einem wesentlichen
Teil desselben erheblich behindert wird, (...) von der Europäischen
Kommission für unvereinbar mit dem Gemeinsamen Markt zu erklären
[sind] (Eingreifkriterium i. S. des Art. 2 Abs. 3 Fusionskontroll
Verordnung)." (Schmidt/Schmidt, 1997, S. 65). Jedoch setzt die
europäische Fusionskontrolle erst bei der Marktbeherrschungsschwelle an,
womit die Gefahr eines Zielkonfliktes zwischen der Aufrechterhaltung
kompetitiver Marktstrukturen und Effizienzsteigerungen sehr gering ist.
(Gabler Wirtschaftslexikon, CD ROM, 1997)

Mit dem Wettbewerbskonzept sind nicht nur ökonomische Zielsetzungen
verbunden sondern auch gesellschaftliche, da Wettbewerb auch eng mit
dem westlichen Demokratieverständnis und den Freiheitsidealen verknüpft
ist. Trotz allem bleibt aber die Steigerung der Wirtschaftskraft der
Gemeinschaft das oberste Ziel der Europäischen Wettbewerbspolitik
(Schmidt/Schmidt, 1997, S. 6).

3.1.2 Institutionen zur Überwachung des Wettbewerbs

In diesem Punkt werden die Institutionen zur Überwachung des Wettbewerbs im europäischen Integrationsraum aufgezeigt und näher erläutert.

Wie bereits angedeutet, führt die Ausübung der reinen Marktwirtschaft, wie sie sich in der Hochzeit des Kapitalismus im ausgehenden 19. Jahrhundert gezeigt hat, immer zu **wettbewerbsbeeinträchtigenden Strategien** der Marktteilnehmer (siehe Abb. 1). Dies bedeutet aber im Umkehrschluss, dass die Vorteile der Marktwirtschaft sich in ihr Gegenteil wandeln. Daher ist es die primäre Aufgabe der EU und anderer marktwirtschaftlich orientierter Staaten den Wettbewerb durch ein Regelwerk der Wirtschaftspolitik zu schützen.

Die Abbildung 1 soll einen Überblick über wettbewerbsbeeinträchtigende Strategien geben. Die Aufgabe der Wettbewerbspolitik ist die Kontrolle der wie unten dargestellten horizontalen, vertikalen, rechtlichen, faktischen, externen sowie internen Absprachen. Weiterhin soll eine Behinderung Dritter ausgeschlossen werden, sowie die Unternehmenskonzentration kontrolliert werden. „Je nach dem Grad der Gefährdung des Wettbewerbs und dem wettbewerbspolitischen Vorverständnis können die verschiedenen wettbewerbsbeschränkenden Strategien auf unterschiedliche Art und Weise kontrolliert werden." (Gabler Wirtschaftslexikon, CD ROM, 1997).

In einem integrierten Wirtschaftsraum ist es von immenser Bedeutung den Wettbewerb zu erhalten und somit die Vorteile der wirtschaftlichen Integration voll auszunutzen (siehe Punkt 2.2.1). Zweckmäßig hierfür ist die Schaffung überregionaler Institutionen, wie beispielsweise die Europäische Kommission in der Europäischen Union, die als Hüterin des Wettbewerbs fungiert.

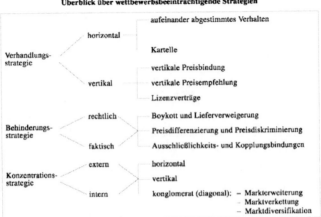

Überblick über wettbewerbsbeeinträchtigende Strategien

Abb. 1: Gabler Wirtschaftlexikon, CD ROM,1997

Gemäß Art. 9 der Verordnung (VO) Nr. 17/62 ist die **Europäische Kommission** in Brüssel zuständig für die Durchsetzung des Europäischen Wettbewerbsrechts. Die zentrale Zuständigkeit lässt sich schon aus Art. 155 im Europäischen Gründungsvertrag (EGV) ableiten, denn demzufolge „hat die Kommission das ordnungsgemäße Funktionieren sowie die Entwicklung des Gemeinsamen Marktes zu gewährleisten." (Schmidt/Schmidt, 1997, S. 95).

In der Europäischen Kommission ist die **Generaldirektion Wettbewerb** für die EU-Wettbewerbspolitik zuständig. So sichert die Kommission das ordnungsgemäße Funktionieren eines freien Wettbewerbs und somit auch das marktwirtschaftliche Fundament der europäischen Wirtschaftsordnung (Friedrich, 2002, S. 358). Generell wird die Europäische Kommission tätig, „wenn staatliche Beihilfen, Absprachen und Zusammenschlüsse von Unternehmen den innergemeinschaftlichen Wettbewerb bedrohen" (Friedrich, 2002, S. 358). Dafür gelten die Wettbewerbsregeln nach Art. 81-

49

89 EGV, die auch die Vertragsgrundlage zur Wettbewerbspolitik darstellen (Friedrich, 2002, S. 358). Auf dieser Gesetzesgrundlage basieren die vier großen **Tätigkeitsbereiche der Wettbewerbspolitik** der Europäischen Gemeinschaft:

> „Die Untersagung wettbewerbsbeschränkender Vereinbarungen und der missbräuchlichen Ausnutzung einer marktbeherrschenden Stellung (bspw. Preisabsprachen)

> Die Kontrolle der Unternehmenszusammenschlüsse (z.B. Monopolisierung)

> Die Liberalisierung der durch Monopole geprägten Wirtschaftszweige

> Die Kontrolle der staatlichen Beihilfen" (Europäische Kommission, 2000, S. 8).

Allein dem Entscheidungsorgan der Kommission steht es zu, auf Grundlage des Freistellungsverfahrens Absprachen und Kooperationen von Marktteilnehmern zu genehmigen. Die Entscheidungen der europäischen Kartellbehörden unterliegen einer gerichtlichen Kontrolle. Dafür ist in der Europäischen Union das Europäische Gericht Erster Instanz und der Europäische Gerichtshof in Luxemburg zuständig. Jedoch ist dem noch hinzuzufügen, dass die Mehrzahl der Mitgliedstaaten ihre eigenen Wettbewerbsgesetze und -vorschriften über Kartelle, den Missbrauch beherrschender Marktstellungen (Monopole) und Fusionen haben.

Die Marktteilnehmer sind dazu verpflichtet, Vereinbarungen, die eventuell den Wettbewerb im Binnenmarkt beeinträchtigen könnten, vorab bei der Kommission anzumelden. Um das zu gewährleisten wurde mit der VO 17 ein **Notifizierungssystem** geschaffen. Jedoch war die Kommission der Auffassung, dass die Instrumente der EU-Wettbewerbspolitik vor dem Hintergrund einer veränderten Wirtschaft, der Globalisierung und dem Binnenmarkt sowie der Erweiterung der EU, und eines kaum mehr zu bewältigenden Verwaltungsaufwandes nicht mehr zeitgemäß waren. Daher sah 1999 die Kommission die Notwenigkeit, Reformvorschläge „in Form eines Weißbuches zur Vereinfachung des Kontroll- und Genehmigungssystems für die Art. 81 und 82 EGV" zu unterbreiten (Friedrich, 2002, S. 359 f.).

Die wichtigsten Punkte dieser **Reformvorschläge** sind: „Die Abschaffung des Notifizierungssystems nach VO 17; die Einbeziehung der nationalen Behörden und Gerichte in das System der gesetzlichen Ausnahme (nach Art. 81 und 82); Einführung einer Missbrauchsaufsicht anstelle der Vorabkontrolle" (Friedrich, 2002, S. 359 f.). Nach Ansicht der Kommission würde die europäische Wettbewerbpolitik kohärenter und transparenter werden, da der Vollzug dezentraler und effektiver geregelt werden könnte.

Von den Vorschlägen der Kommission werden aber auch Nachteile erwartet. Sie liegen in einem denkbaren Verlust der einheitlichen Wettbewerbs-sicherung. Bei ähnlich gelagerten Sachverhalten könnten nationale Behörden zu unterschiedlichen Beurteilungen kommen. Folglich würde sich die **Rechtsunsicherheit** für die Unternehmen erhöhen (Friedrich, 2002, S. 360). Weiterhin könnte bei Unternehmen der Anreiz geweckt werden, die nationalen Kotrollbehörden gegeneinander auszuspielen. Es stellt sich die Frage, „unabhängig genügend freier Kapazitäten in den Mitgliedsstaaten mit Blick auf die anstehende Erweiterung (...), ob in den jungen Rechtssystemen bereits eine ausreichende Wettbewerbskultur etabliert ist, um die Prinzipien des Binnenmarktes dauerhaft zu sichern." (Friedrich, 2002, S. 360). Denn „gerade in Verbindung mit der Wirtschafts- und Währungsunion kommt einer verbindlich geregelten Wettbewerbspolitik eine hohe Relevanz zu, weil sich durch den Euro die Transparenz der Marktbedingungen und folglich der Wettbewerb erhöht." (Friedrich, 2002, S. 360).

In **Deutschland** ist das **Bundeskartellamt** in Berlin für nationale wettbewerbsbeschränkende Strategien zuständig, während auf regionaler Ebene die Zuständigkeit bei den *Landeskartellbehörden* (bei den Wirtschaftsministerien der Länder) liegt (Gabler Wirtschaftslexikon, CD ROM, 1997).

In Anbetracht der Relevanz, die dem Wettbewerb durch die Kommission zugesprochen wird, lohnt es sich unbedingt im nächsten Abschnitt auf die positiven und negativen Auswirkungen für den Wettbewerb bei einer Erweiterung des Integrationsraumes einzugehen.

3.1.3 Durch den Wettbewerb beeinflusste makroökonomische Märkte

Dieser Punkt dient zur Veranschaulichung der makroökonomischen Märkte, die durch den Wettbewerb beeinflusst werden. Eine Volkswirtschaft setzt sich aus **verschiedenen Märkten** zusammen, die in ihrer Gesamtheit die Wirtschaft eines Landes ausmachen. Dazu gehören der Gütermarkt, der Arbeitsmarkt und der Kapitalmarkt. Je nach makroökonomischer Theorie wird dem einen oder anderen Markt die größere Bedeutung zugesprochen. Essentiell ist jedoch, dass jedes Wirtschaftssubjekt innerhalb dieses Systems an mehreren Märkten in verschiedenen Rollen beteiligt ist. So ist der Konsument Nachfrager am Gütermarkt, aber gleichzeitig auch Anbieter von Arbeitskraft am Arbeitsmarkt als Arbeitnehmer oder Nachfrager von Arbeitskraft als Arbeitgeber. Der Arbeitgeber vom Arbeitsmarkt ist der Anbieter von Gütern am Gütermarkt usw. (BpB 2002, S. 42 f.).

Auf allen Märkten stellt sich durch das **Zusammenspiel von Angebot und Nachfrage** ein Preis ein, für Güter der Geldpreis, für Kapital der Zins und für Arbeit der Lohn (Seitel, 2002, S. 83 ff.). Alle Märkte sind über vielfältige Kanäle interdependent miteinander verbunden. Der Wettbewerb hat hierbei auf allen Märkten die bereits im Punkt 3.1.1 beschriebenen Funktionen. Für die weiteren Ausführungen ist wichtig zu erkennen, dass der **Wettbewerb** auf allen Märkten gleichermaßen vorhanden sein muss, um ein Funktionieren der Märkte untereinander zu gewährleisten (Seitel, 2002, S. 83 f.). Deshalb wird in den folgenden Abschnitten näher auf die Vor- und Nachteile einer Integration für den Wettbewerb eingegangen, unter Berücksichtigung wichtiger Aspekte für die Einzelmärkte.

3.2 Auswirkungen auf den Wettbewerb bei einer weiterergehenden Integration auf Europäischer Ebene

Die im April 2003 beschlossene Erweiterung der EU im Jahr 2004 erweitert das Integrationsgebiet drastisch. Es treten sogenannte Transformations-staaten bei: Länder, deren Wirtschaftssysteme vom vormaligen Planwirtschaft in die Marktwirtschaft transformiert wurden, wie bspw. Polen und Ungarn. Da für viele Bereiche Übergangsbestimmungen vereinbart wurden, sind die Auswirkungen auf den Wettbewerb in der größeren Eurozone nicht unerheblich. Aus den Erfahrungen der letzten Erweiterungs-runde 1986 werden Schlussfolgerungen auf die nächste gezogen. Da diese Arbeit sich allerdings nicht mit der Erweiterung an sich beschäftigt – was den Rahmen unweigerlich sprengen würde – werden in diesem Abschnitt allgemeine Auswirkungen einer Integration positiver und negativer Art beschrieben. Hierfür wird die bereits eingeführte Unterteilung in die verschiedenen Märkte als Grundlage herangezogen.

3.2.1 Positive Auswirkungen auf den Wettbewerb der verschiedenen Märkte in Europa

Eine vorangetriebene wirtschaftliche Integration hat vielfältige positive Auswirkungen auf den Wettbewerb im Integrationsgebiet. Je nach erreichter Tiefe der Integration (siehe Punkt 2.1.2) und politischer Umsetzung (siehe Punkt 2.4) intensiviert sich in der Regel der Wettbewerb im Integrationsgebiet, was sich vorteilhaft für Staaten, Unternehmen, Arbeitnehmer und Konsumenten auswirken kann.

Innerhalb des Integrationsraumes wird auch eine **Vereinheitlichung der Wettbewerbsregeln** angestrebt. Denn jeder Staat hat seine eigenen Regulierungen der Märkte, was in einem integrierten Raum zu Irritationen führen kann. Folgen könnte eine ungleiche Verteilung der Chancen. Beispielsweise könnten in einigen Staaten Unternehmen bzw. Branchen mehr gefördert werden als in anderen und somit entstünden Wettbewerbsverzerrungen durch Übervorteilung (Dickertmann/ Leiendecker,

2002, S. 417). Wettbewerbsverzerrungen wirken sich immer nachteilig auf die Ressourcenallokation, die Preisbildung und die Machtpositionen in den Märkten aus (siehe auch Punkt 3.1). Demzufolge wirkt sich eine **Chancengleichheit** innerhalb des integrierten Raumes positiv auf den Wettbewerb aus. Die Vereinheitlichung der Wettbewerbsregeln sollte auch in der EU dazu führen, dass die Teilnehmer am Wirtschaftskreislauf so wenig wie möglich benachteiligt werden. Eine Maßnahme dafür war die Untersagung staatlicher Subventionen in den EU Staaten, die im speziellen zu starken Wettbewerbsverzerrungen führen. Ausnahmen vom grundsätzlichen Beihilfeverbot macht die Kommission, wenn staatliche Beihilfen aufgrund des gemeinschaftlichen Interesses gerechtfertigt sind. (Europäische Kommission, 2000, S 29) Eine Wettbewerbsregulierung auf supranationaler Ebene ist momentan in der EU nur durch die Kommission realisiert (siehe Punkt 3.2.1). Bei der Schaffung einer eigens zuständigen Behörde würde aber entsprechend der gedoppelte Verwaltungsaufwand der Kommission und der einzelstaatlichen Behörden wegfallen und die Überwachung der Märkte und Maßnahmen vereinfacht.

Da der **Wettbewerb** wie in Punkt 3.1.2 beschrieben **auf verschiedenen Märkten** stattfindet, soll nachfolgend kurz auf die Märkte im einzelnen eingegangen werden. Wiederrum muss darauf hingewiesen werden, dass die Märkte interdependent sind und sich durch positive Auswirkungen auf einen Markt auch positive Bedingungen auf den anderen Märkten einstellen.

Volkswirtschaftlich gesehen ist der **Gütermarkt** der Ausgangspunkt wirtschaftlicher Aktivitäten. Bei einer Vergrößerung des Integrationsgebietes erweitern sich auch die Gütermärkte. In der EU wurde hierfür beispielsweise der Binnenmarkt geschaffen. Der Wettbewerb auf dem Gütermarkt hat hiervon profitiert. Zum einen haben sich neue Absatzmärkte für die **Unternehmen** gebildet. Den Unternehmen wird ermöglicht auf neue Märkte vorzustoßen und Erfindungen und Innovationen umzusetzen. Durch die erhöhte Zahl der Marktteilnehmer wird der Wettbewerb intensiver. Dadurch wird die Population der potenziell innovativen Unternehmen vergrößert und

Marktnischen werden ausgefüllt. Die Unternehmen werden zu Produkt- und Prozessinnovationen veranlasst (Europäische Kommission, 2002a, S. 25).

Außerdem besteht für die Unternehmen die Möglichkeit im Rahmen der Bestimmungen der Fusions- und Monopolkontrollen der EU zu expandieren und zu fusionieren. Eine Fusion bietet ebenfalls erweiterte Ressourcen zur Forschung und Entwicklung neuer Erzeugnisse durch die sich die Produktions- und Vertriebskosten der gesamten Unternehmenseinheit senken lassen (Europäische Kommission, 2000, S. 19). Die auftretenden Kostenersparnisse lassen sich in die sogenannten Economies of Scale (bessere Verteilung der Kosten je Stück aufgrund erhöhter Ausbringungsmengen) und die Economies of Scope (Einsparungen durch synergetische Effekte und Lernprozesse) einteilen (Gabler Wirtschaftslexikon, CD ROM, 1997). Ist ein Unternehmen in der Lage all diese Vorteile für sich zu realisieren, trägt es zu einem positiven Wettbewerb auf dem Gütermarkt bei, denn „der Produktivitätszuwachs wird bestimmt durch Verbesserungen in der Qualität der Interaktion zwischen den Unternehmen, durch die Akkumulierung von Wissen und durch die marktorientierte Auswahl der besten Lösungen." (Europäische Kommission, 2002a, S. 15).

Auf der anderen Seite des **Gütermarktes** steht der Nachfrager bzw. **Konsument**. Der Konsument ist durch das breitere Produktangebot besser in der Lage die für ihn budgetoptimale Kombination von Produkten zu erwerben. Ein größerer Absatzmarkt für Unternehmen bedeutet nämlich im Umkehrschluss einen größeren Markt zum Erwerb von Gütern für die Konsumenten. Durch die Kaufentscheidung der Konsumenten wird ein Signal an die im Wettbewerb stehenden Anbieter bzw. Unternehmen gegeben, ob die Qualität und der Preis den Anforderungen der Konsumenten genügen. Dies verschafft den Unternehmen einerseits Marktanteile und andererseits den Ansporn verlorene Marktanteile wiederzugewinnen. Diese freie Entscheidung des Konsumenten Produkte zu wählen und Innovationen zu akzeptieren wird auch als Konsumentensouveränität oder Konsumfreiheit bezeichnet. Durch eine Erweiterung des Wirtschaftsraumes trägt also auch der Konsument zu einer Intensivierung des Wettbewerbs bei und profitiert gleichzeitig von qualitativ höherwertigen Produkten zu niedrigeren Preisen (BpB, 2002, S. 74).

Eng mit dem Gütermarkt hängt volkswirtschaftlich gesehen der **Kapitalmarkt** zusammen. Sowohl Unternehmen als auch Konsumenten treffen sich hier als Anbieter und Nachfrager von Kapital. Der Kapitalmarkt ist der Ort der Koordination individueller Investitions- und Finanzierungspläne der Wirtschaftssubjekte (Paul, 2002, S. 276). Im Gegensatz zum Gütermarkt sind die Bewegungen am Kapitalmarkt weniger eindeutig und klar nachzuvollziehen. Dies zeigt sich schon allein an der Tatsache, dass sich hier die meisten makroökonomischen Theorien im Wesentlichen bei den Annahmen über seine Funktion unterscheiden (z.b. Neoklassische Theorie und Keynesianismus) (Gabler Wirtschaftslexikon, CD ROM, 1997).

Allgemein kann jedoch gesagt werden, dass die Erweiterung des Wirtschafstraumes bei einer Integration zu mehr Wettbewerb auf dem Kapitalmarkt führt. Die Bedingung hierfür ist allerdings zumindest eine freie Konvertibilität (Tauschbarkeit) der nationalen Währungen untereinander. Sowohl Anbieter als auch Nachfrager von Kapital sind nun in der Lage sich die Währung und das Land zu wählen, dass ihnen Kapital zum bestmöglichen Preis (also Zins) zur Verfügung stellt oder wo Kapital bestmöglich angelegt werden kann. Beispiele hierfür sind Direktinvestitionen oder Gründungen von Joint Ventures im Ausland. Der Wettbewerb auf dem Kapitalmarkt, der nun ebenfalls durch die erhöhte Zahl an Marktteilnehmern entsteht, führt dabei zu einer Angleichung des Zinsniveaus innerhalb des Integrationsraumes, die im Allgemeinen auch mit einer Senkung des Zinsniveaus einhergeht. Insbesondere die freie Konvertibilität und die Schaffung einer einheitlichen Währung (z.B. Euro in der EU) schaffen sehr gute Bedingungen für intensivierten Handel und Investitionen innerhalb der Integrationszone (Hill, 1997, S. 288 ff.).

Schließlich ist noch der **Arbeitsmarkt** als einer der drei volkswirtschaftlichen Hauptmärkte zu betrachten. Wettbewerb auf dem Arbeitsmarkt bedeutet einerseits das Konkurrieren der Arbeitnehmer um Positionen bei den Arbeitgebern und andererseits das Konkurrieren der Arbeitgeber um qualifizierte Arbeitnehmer. Wie oben bereits beschrieben, vergrößert sich der Gütermarkt bei einer fortgeführten Integration. Expandierende Unternehmen, die z.B. Tochterunternehmen gründen, um in den neuen Märkten präsent zu sein, haben zwangsläufig einen größeren Bedarf an Arbeitskräften. Der intensivere Wettbewerb um die Arbeitskräfte könnte zum einen dazu führen, dass die Unternehmen attraktivere Konditionen bieten und zum anderen, dass weniger qualifizierte Arbeitnehmer ihre Fähigkeiten ausbauen bzw. erweitern, um in den Genuss der besseren Konditionen zu gelangen. „Alte" Formen der Arbeit verschwinden zugunsten neuer Tätigkeiten mit veränderten und sich immer wieder neu ausbildenden Anforderungsprofilen was dazu führt, das der Bedarf an qualifizierten Arbeitskräften steigt (Weidenfeld/Turek, 1996, S. 132 ff.).

Durch die Freizügigkeit von Arbeitskräften wie bspw. in der EU können theoretisch auch hoch qualifizierte Arbeitskräfte über Ländergrenzen hinweg ihren Arbeitsort wählen. Der Wettbewerb um diese Arbeitskräfte hat allerdings nicht nur für Unternehmen eine Bedeutung sondern auch für die einzelnen Staaten. Die Zuwanderung hoch qualifizierter Arbeitskräfte bedeutet auch die Zunahme an Wissen, das weitergegeben werden kann und die Wettbewerbsfähigkeit erhöht. Auch das Problem der Arbeitslosigkeit könnte gemildert werden, wenn durch eine Abwanderung eine gewisse Umverteilung der Arbeitskräfte stattfindet. (Straubhaar, 2000, S. 7 ff.). Weiterhin können Unternehmen durch die Niederlassungsfreiheit den Wettbewerb am Arbeitsmarkt beeinflussen. Dort, wo ein Überschuss an Arbeitnehmern besteht, wird laut dem Gesetz von Angebot und Nachfrage an Märkten auch ein geringerer „Preis" (also Lohn) für die Arbeitskräfte zu entrichten sein. Dieser Umstand ist attraktiv für Unternehmen und führt zu einer Senkung des Überschuss Angebots am Arbeitsmarkt (Arbeitslosigkeit) vor Ort (Seidel, 2002, S. 85).

Letztlich sind auch noch andere Interessen mit einer Integration und einer Stärkung des Wettbewerbs verbunden. Durch die Integration soll sich die Position der **Unternehmen auf dem Weltmarkt** verbessern und durch eine Erweiterung der EU soll die Wettbewerbsfähigkeit nach außen gesichert und verstärkt werden. Die EU möchte sich als noch stärkerer Gegenpol gegenüber den industriell hochentwickelten Ländern USA und Japan profilieren, die gleichzeitig die Hauptkonkurrenten der EU sind. Das Ziel ist insgesamt eine starke internationale Wettbewerbsfähigkeit. Der Wettbewerbsdruck auf dem freien Weltmarkt steigt, da immer mehr neue Wettbewerber auf den Weltmarkt treten. Was die europäischen Unternehmen angeht, führt Turek folgendes aus „die Stellung europäischer Unternehmen im weltweiten Wettbewerb und ihre Wettbewerbsfähigkeit gegenüber ausländischen Konkurrenten werden durch fünf zentrale Entwicklungen fundamental berührt:

> ➢ weitest gehender Wegfall der ideologischen Grenzen;
> ➢ beschleunigter technologischer Wandel;
> ➢ intensivere Entwicklung der Informationsgesellschaft;
> ➢ weltweite Liberalisierung und Deregulierung im Rahmen des GATT;
> ➢ Auftreten neuer Konkurrenten im Weltmarkt" (Turek, 2002, S. 578).

3.2.2 Negative Auswirkungen auf den Wettbewerb der verschiedenen Märkte in Europa

Bei einer Integration entstehen nicht nur Vorteile im Bereich des Wettbewerbs. Es kommt auch zu Nachteilen die sich ergeben können. In Verbindung mit den bereits genannten positiven Auswirkungen in Punkt 3.2.1 wird sich einiges Überschneiden und bereits genanntes wird wiederholt, was nicht verhindert werden kann, denn positive Auswirkungen wandeln sich unter gewissen Prämissen zu negativen Auswirkungen.

Aus der **Vereinheitlichung der Wettbewerbsregeln** und der Regulierung können ebenso Probleme erwachsen, wie Vorteile. Wie schon in Punkt 3.1.2 bemerkt, könnte die inkonsequente Umsetzung Europäischer Leitlinien in den verschiedenen Mitgliedstaaten zu Rechtsunsicherheit führen. Damit wäre die Wettbewerbspolitik Auslegungssache und je nach Situation unterschiedlich. Folge wäre ein verminderter Wettbewerb, der einer anvisierten Wohlstandssteigerung abträglich ist (Friedrich, 2002, S. 360).

Weiterhin kann die Vereinheitlichung der Wettbewerbsregeln, wie z.B. das schon angeführte Verbot staatlicher Subventionen auch die Chancengleichheit einengen. Besonders ist hier die Problematik der sogenannten „Infant-Industries" zu nennen, wie schon in Punkt 2.2.2 eingehend beschrieben.

Auf dem **Gütermarkt** kann es einigen **Anbietern** trotz aller Bestimmungen gelingen, durch das Ausnutzen von Massenproduktionsvorteilen Kosten- und somit Preisvorteile zu erzielen und kleinere Konkurrenten aus dem Markt zu drängen (Ohr/Gruber, 2001, S. 14). Ein Beispiel hierfür wäre wenn Unternehmen, die eine marktbeherrschende Position innehaben, weil sie über einen sehr hohen Marktanteil verfügen, andere Unternehmen gezielt in ihren Wettbewerbschancen behindern. Möglich wäre hier das sogenannte Dumping. Hierbei werden für kurze Zeit Produkte zu Preisen unter den Herstellungskosten für das Produkt verkauft, um Marktanteile zu gewinnen und Konkurrenten zu verdrängen. Aber auch die Anwendung unterschiedlicher Preise beim Verkauf an Handelsunternehmen, wie auch Lieferverweigerung sind denkbar (Behrens, 2002, S. 211). Jeder Marktteilnehmer weniger schränkt den Wettbewerb ein. Durch den Art. 82 des EG-Vertrages ist die missbräuchliche Ausnutzung von Marktmacht allerdings verboten

Unternehmen könnten auch ihr Marktverhalten koordinieren, „indem sie sich bezüglich des Einsatzes der Wettbewerbsparameter gegenseitig abstimmen." (Behrens, 2002, S. 211). Dazu gehören z.B. Preisabsprachen, Aufteilung des gemeinsamen Marktes oder der Verzicht auf innovative Produkte. Dies würde den Wettbewerb erheblich bremsen, jedoch sind solche Verhaltensweisen nach Art. 81 EG Vertrag verboten. Jedoch steht außer Frage, dass trotz Verbots der missbräuchlichen Ausnutzung von

Marktmacht und des koordinierten Marktverhaltens bei einem größeren Wirtschaftsgebiet mit uneinheitlichen Überwachungsmechanismen diese Probleme verstärkt auftreten werden und kaum auszulöschen sind (Behrens, 2002, S. 211).

Aus Sicht der **Konsumenten** kann sich die plötzliche Zunahme von Anbietern und Produkten negativ auswirken, da die Markttransparenz beeinträchtigt werden kann. Durch die große Menge an Informationen zu Produkten, Preisen und Qualitäten ist die Übersicht schnell verloren und damit die Kundensouveränität eingeschränkt. Verschiedene Maßnahmen der Anbieter könnten zu diesem Umstand beitragen, wie z.B. massive Werbung, Einführung von Marken. Zu einer guten Wettbewerbspolitik gehört demnach auch eine gezielte und verbrauchergerechte Informationspolitik sowie eine Verbrauchererziehung, die den Konsumenten ihre wichtige Rolle im Markt und für den Wettbewerb nahe bringt (BpB, 2002, S. 180 f.)

Der erhöhte Bedarf an qualifizierten Arbeitskräften ist ebenfalls nicht nur positiv zu bewerten aus der Sicht der unqualifizierten Arbeitskräfte und des Gleichgewichts von Angebot und Nachfrage am **Arbeitsmarkt**. Die unqualifizierten Arbeitskräfte werden immer weniger benötigt und somit langfristig zu Arbeitslosen werden, die schwer vermittelbar sind. Die „unqualifizierte Arbeit wird zunehmend weniger nachgefragt, da sie auf dem Weg über Standardisierung und Automatisierung zunehmend substituiert werden kann." (Weidenfeld/Turek, 1996, S. 132). Aufgrund dieser Tatsachen könnten die Arbeitslosenzahlen im Bereich der unqualifizierten Arbeit steigen und somit eine Belastung für den Arbeitsmarkt werden[10]. Die negative Auswirkung für den Wettbewerb auf dem Arbeitsmarkt liegt darin, dass hier ein ständiges Überangebot an Arbeitskräften vorliegt, dass

---

[10] Das Problem der unqualifizierten Arbeitskräfte lässt sich vorrangig auf die Bildung zurückführen. Denn in Europa gibt es Unterschiede im Bildungsstand und auch in den Bildungsarten. Es gibt keine einheitliche gesamteuropäische Schul- und Berufsausbildung. Um jedoch den Wettbewerb auf dem Arbeitsmarkt zu fördern, so dass mehr qualifizierte Arbeitnehmer auf dem gesamteuropäischen Markt stehen als unqualifizierte, könnte man Studien zum Bildungsstand der Schüler, Studenten und Auszubildenden herausgeben. Diese können das Ergebnis der einzelnen Bildungswege aufzeigen und somit könnten Vergleiche gezogen werden. Somit entsteht ein gewisser Bildungswettbewerb, der zu einer Verbesserung des Standards führen kann. Es könnte ebenfalls gewährleistet werden, dass die Arbeitnehmer im verstärkten Wettbewerb eine Chance haben, auf dem gesamteuropäischen Arbeitsmarkt eine passende Arbeit zu finden.

einerseits das Lohnniveau drückt und andererseits zu Verzerrten Arbeitskonditionen führt (Bsp. Kinderarbeit), was nicht zuletzt Auswirkungen auf den sozialen Frieden und damit auf alle anderen Märkte der Volkwirtschaft hat (Krüsselberg, 2002, S. 92 ff.).

Als weiteres Problem für den Arbeitsmarkt könnten sich auch Unternehmen erweisen, die dem Wettbewerb auf dem Gütermarkt nicht mehr standhalten können und Konkurs anmelden müssen. In den vergangen Jahren konnten laut Turek und Weidenfeld mehrere europäischen Unternehmen dem Wettbewerbsdruck der ausländischen Konkurrenz nicht mehr standhalten (Weidenfeld, Turek, 1995, S. 51). Sie würden zwangsläufig Arbeitskräfte freisetzen. Qualifizierte Kräfte könnten jedoch wieder aufgefangen werden, z.B. durch expandierende Unternehmen bzw. Unternehmen, die sich gut im Wettbewerb behaupten können. Das Problem könnte abermals bei den unqualifizierten Kräften liegen, für die es, wie beschrieben, immer schwieriger wird eine Arbeit zu finden.

Schließlich könnte es auch Probleme durch die Freizügigkeit und eine damit verbundene Abwanderung von qualifizierten Arbeitskräften ins europäische Ausland (innerhalb des Integrationsraumes) geben, den sogenannten „Brain-Drain". Das könnte zu einer Kräfteverschiebung führen, die wesentliche Auswirkungen auf die wirtschaftliche Zukunft eines Landes hat. Abgesehen von der abermaligen Situation eines Überangebotes an unqualifizierten Arbeitskräften auf dem Arbeitsmarkt, ist ein Verlust von Innovationspotenzial und eine Verschiebung gesellschaftlicher Strukturen zu befürchten (z.B. Abwanderung der geistigen Elite aus Russland nach Erleichterung der Reiseformalitäten) (Straubhaar, 2000, S. 7 ff.).

Auch für den Wettbewerb am **Kapitalmarkt** lassen sich negative Auswirkungen ausmachen. So kann die freie Konvertibilität auch dazu führen, dass problematische Entwicklungen eines Landes, wie z.B. eine Inflation, in ein anderes über die Währungen und Spekulationen am Kapitalmarkt „importiert" werden. Auch für den Wettbewerb am

Kapitalmarkt trifft das Informationsproblem des Gütermarktes zu. Je mehr Teilnehmer am Markt sind, desto schwieriger wird der Überblick und der Markt ist weniger Transparent (Hill, 1997, S. 288 ff.). Eine einheitliche Währung stellt sogar im Besonderen ein Problem dar, sobald sich eine der assoziierten Volkswirtschaften erheblich in ihrer Leistungsfähigkeit von den anderen unterscheidet. Insbesondere wird hier die Funktionalität der supranationalen Institutionen angezweifelt, weil „the European Central Bank may not maintain tight control over the supply of euros, and that inflation will follow." (Hill, 1997, Introduction, S. 9).

Durch die **Internationalisierung** öffnen sich der Wirtschaft neue ungesättigte Märkte für Absatz und Produktion, doch „nur in wenigen europäischen Staaten konnten demgegenüber die wirtschaftlichen und sozialstaatlichen Konsequenzen dieser wirtschaftlichen Dynamik optimal ausbalanciert werden und als gemeinsames Problem bleibt in den meisten europäischen Ländern die hohe Arbeitslosigkeit." (Turek, 2002, S. 578). Das bedeutet, dass die hochindustriellen Staaten Europas mit Problemen konfrontiert werden, für die sie momentan noch keine Lösung gefunden haben (siehe Punkt 4.2.1).

4 Der Arbeitsmarkt und die Arbeitsmarktpolitik als Beispiel eines Integrationsbereiches im Europäischen Integrationsraum

Im folgenden Kapitel geht es um die Arbeitsmarktpolitik der Europäischen Union. Es stellt sich dabei unter anderem die Frage, ob die Erweiterung und somit die Integration Europas zu dem lang erhofften Beschäftigungs- aufschwung beiträgt, oder ob sie sogar zu noch mehr Arbeitslosigkeit führt. Weiterhin werden die Institutionen zur Regulierung des Arbeitsmarktes auf europäischer Ebene dargestellt. Im zweiten Punkt wird eine Lageanalyse der aktuellen Arbeitsmarktsituation in der EU und den MOE-Staaten vorge- nommen. Weiterhin werden die Zielsetzung der europäischen Beschäf- tigungspolitik dargestellt und die Maßnahmen, die ergriffen wurden, um diese zu erreichen. Aufgrund des großen Umfangs der Thematik wird ein allgemeiner Überblick gegeben, was aber die Allgemeingültigkeit der Aussagen des Kapitels nicht schmälert.

4.1 Der Arbeitsmarkt und seine Determinanten

Im nächsten Abschnitt werden der Arbeitsmarkt und die Arbeitsmarktpolitik definiert und näher erläutert. Außerdem soll auf Institutionen zur Regulierung und Überwachung des deutschen als auch des europäischen Arbeitsmarktes eingegangen werden.

4.1.1 Definition von Arbeitsmarkt und Arbeitsmarktpolitik

Allgemein definiert, stellt der Arbeitsmarkt ein Zusammentreffen von Arbeitsangebot und Arbeitsnachfrage dar. Zum Ausgleich von Nachfrage und Angebot trägt der Reallohn bei. Der Reallohn ist definiert, als der um die Inflationsrate bereinigte Nominallohn. Das bedeutet, „je höher der Reallohn pro Stunde ist, desto mehr Arbeit bieten die Arbeitnehmer an." (BpB, 2002, S. 102). Die Unternehmen fragen bei einem hohen Reallohn weniger Arbeit nach als bei einem niedrigen. Aus der Sicht eines

Unternehmers stellt der **Reallohn die Kosten für die Nutzung der Arbeit**
dar. Die Entwicklung des Reallohns unterliegt nicht der Kontrolle der
Tarifparteien, da sie nur über die Nominallöhne verhandeln können. Der
Nominallohn ist das in Geld bewertete Arbeitsentgelt eines Arbeitnehmers
ohne Berücksichtigung der realen Kaufkraft (BpB, 2002, S. 102).

Wenn der Reallohn höher ausfällt als vom Unternehmen erwartet, wie
beispielsweise durch eine geringere als die erwartete Inflationsrate, wird die
Arbeit im Verhältnis zum Kapital relativ teuer. Der Unternehmer ist
versucht, Arbeit durch Kapital oder durch preiswertere Arbeitskräfte zu
ersetzen, wobei es folglich zu Entlassungen kommen kann oder zu einer
Verlagerung der Produktion ins Ausland, wenn dort die Produktion
entsprechend günstiger ist. Beispiele hierfür stellen die Textilproduktion,
oder auch die Softwareproduktion für Computer dar, die zu großen Teilen
beispielsweise in Indien realisiert werden, da das Lohnniveau deutlich unter
dem des europäischen Marktes liegt (BpB, 2002, S. 102).

Allgemein ist der **Lohn** im Rahmen einer ökonomischen Analyse ein Preis
wie jeder andere auch. Das bedeutet „eine flexible Lohnbildung auf dem
Arbeitsmarkt ist damit eine Voraussetzung dafür, dass das Arbeitsangebot
der Haushalte und die Arbeitsnachfrage in Ausgleich gebracht werden
können." (BpB, 2002, S. 164). Die Höhe des Lohns ist jedoch von
sozialpolitischer Relevanz und somit kann der Arbeitsmarkt nicht dem freien
Spiel der Marktkräfte überlassen werden, worüber es einen gesellschaftspolitischen Konsens gibt. Die Sorge besteht darin, dass ein unregulierter
Arbeitsmarkt zu einer Ausbeutung der Arbeitnehmer führen könnte (siehe
auch Punkt 4.4) (BpB, 2002, S. 164).

Bei der Thematik der **Arbeitslosigkeit** stellt sich die Frage, ob ein
Arbeitnehmer **freiwillig** oder **unfreiwillig** arbeitslos geworden ist. Eine
Person, die nicht bereit ist, zu den herrschenden Arbeitsbedingungen
(beispielsweise Lohnsatz oder Arbeitszeit) eine Beschäftigung anzunehmen
oder freiwillig den Arbeitsplatz wechselt, gilt als freiwillig arbeitslos. Wenn

eine Person jedoch zurzeit nicht beschäftigt ist, eine Beschäftigung sucht oder auch bereit ist eine Beschäftigung aufzunehmen, jedoch keine findet, gilt als unfreiwillig arbeitslos.

Zur **Definition der Arbeitsmarktpolitik** dienen „alle Ansätze, die zur Beseitigung der grundlegenden Ursachen des Beschäftigungsproblems angeraten erscheinen." (BpB, 2002, S. 162). Die Träger der Arbeitsmarktpolitik sind neben der Bundesanstalt für Arbeit (BA), Bund, Länder und die Europäische Union. Jedoch wird auf die Institutionen im nächsten Kapitel eingegangen.

Soltwedel definiert die Arbeitsmarktpolitik aus ökonomischer Sicht wie folgt: „Die Funktionsfähigkeit des Arbeitsmarktes und die Anreizstrukturen der Akteure auf dem Arbeitsmarkt werden durch komplexe Regelwerke, vor allem das Tarifvertragsrecht, das Betriebsverfassungs- und das Mitbestimmungsgesetz, Kündigungsschutzregelungen sowie die Bestimmungen zur Arbeitslosenunterstützung und die Sozialhilferegelungen beeinträchtigt." (Soltwedel, 2002, S. 100). Jedoch sollte im allgemeinen die Arbeitsmarktpolitik „die Transparenz am Arbeitsmarkt, die Mobilität der Wirtschaftssubjekte, die Flexibilität der Löhne und die sonstigen Funktionsbedingungen des Arbeitsmarktes" verbessern (Soltwedel, 2002, S. 100).

4.1.2 Institutionen zur Überwachung und Regulierung des Arbeitsmarktes

In diesem Abschnitt werden die Institutionen zur Regulierung und Überwachung des deutschen und europäischen Arbeitsmarktes dargestellt. Innerhalb des Integrationsraumes hat jeder Staat seine eigenen Institutionen.

In **Deutschland** ist der Träger der Arbeitsmarktpolitik zum größten Teil die Bundesanstalt für Arbeit (BA). Sie ist eine Körperschaft des öffentlichen Rechts und „ist Träger der Arbeitsförderung nach dem Dritten Buch des

Sozialgesetzbuches" (Kleinhenz, 2002, S. 141)[11]. Auch das Bundes-
ministerium für Arbeit und Sozialordnung (BMA) ist Träger der
Arbeitsmarktpolitik. Es stimmt seine Arbeitsmarktpolitik bundes- und
landespolitisch ab, wie zum Beispiel in der Struktur-, Regional- und
Bildungspolitik und in der Ausbildungspolitik. Neben dieser Funktion hört
das BMA Arbeitnehmer- und Arbeitgeberverbände, Interessenorganisationen
und die Bundesanstalt für Arbeit an (Gabler Wirtschaftslexikon, CD ROM,
1997).

Eine **Institution auf europäischer Ebene** muss noch geschaffen werden.
Es werden von der Kommission und vom Europäischen Rat Vorschläge und
Maßnahmen ergriffen, um die Ziele der Kommission und des Europäischen
Rates zu verwirklichen. Es wurde jedoch noch keine supranationale
Institution zur Regulierung und Überwachung auf europäischer Ebene
geschaffen. Die Ziele sind dennoch eine Vereinheitlichung des
Arbeitsmarktes und die Reduzierung der Arbeitslosigkeit innerhalb des
Integrationsraumes, wie im Punkt 4.2.2 genauer dargestellt wird.

4.2 Lageanalyse

Dieses Kapitel dient zur Analyse der aktuellen Lage auf dem Arbeitsmarkt
mit Blick auf die Arbeitslosigkeit auf dem gesamteuropäischen Markt, also in
den integrierten Staaten, beschrieben. Ferner wird die Zielsetzung der
europäischen Arbeitsmarktpolitik dargestellt, wie auch die Maßnahmen, die
ergriffen wurden, um eine gemeinsame europäische Arbeitsmarktpolitik zu
erreichen. Diese Maßnahmen werden im zweiten Unterpunkt beschrieben.

---

[11] Weiterführende Literatur siehe Hasse, Rolf H./ Schneider, Hermann/ Weigelt, Klaus (Hrsg.): Lexikon
soziale Marktwirtschaft-Wirtschaftspolitik von A bis Z. Paderborn 2002

4.2.1 Aktuelle Situation auf dem europäischen Arbeitsmarkt

Zunächst ist festzustellen, dass vor allem die großen **EU-Ländern**, wie beispielsweise Deutschland, Spanien, Frankreich und Italien, mit Ausnahme von Großbritannien, mit massiven Beschäftigungsproblemen zu kämpfen haben. Da diese Länder soviel Gewicht in der EU haben, machen sie den Kern der europäischen Arbeitsmarktmisere aus. Diesen Ländern fehlt es an Beschäftigungsdynamik und die Arbeitsmärkte zeichnen sich als sehr unflexibel aus. Gerade die Reintegration von Langzeitarbeitslosen erweist sich als äußerst schwierig (Walwei, 1999/2000, S. 28). Neben dem Wirtschaftswachstum sind strukturelle Veränderungen in einzelnen Bereichen, die Entwicklung der Bevölkerung im erwerbsfähigen Alter und die arbeitsmarktpolitischen Aktivitäten der jeweiligen Regierungen von Relevanz für die Beschäftigung (Fiedler, 1999, S. 63).

Die momentane **Arbeitslosenquote** in der Eurozone beträgt 8,8 % (Stand April 2003)[12]. Die Tabelle 3 dient zur Veranschaulichung der Unterschiede der Arbeitslosenquoten innerhalb des europäischen Integrationsraumes.

Wie bereits in Kapitel 1 beschrieben, ist das Ziel der Integration die Wohlfahrt der teilnehmenden Länder zu verbessern und eine Angleichung zu bewirken. Jedoch ist deutlich zu erkennen, dass die Arbeitslosenquote in den Monaten März und April beispielsweise in den Niederlanden bei 3,6 % und in Spanien bei 11,5 % liegt.

Scheinbar ist es einigen Ländern der Europäischen Union gelungen, die **Beschäftigung aufzubauen** und die **Arbeitslosigkeit deutlich zu reduzieren**. Ein Beschäftigungsaufschwung könnte demnach in Europa nicht illusionär sein. „Vor allem die Beispiele Dänemark und Niederlande belegen darüber hinaus, dass anders als bei angelsächsischen Marktmodellen (z.B. UK, USA) Beschäftigungswachstum und sozialer

---

[12] http://europa.eu.int/comm/eurostat/Public/datashop/print-product/DE?catalogue=Eurostat&product=3-03062003-DE-AP-DE&mode=download, 15.06.2003)

Ausgleich nicht unbedingt konkurrierende Ziele sein müssen." (Walwei, 1999/2000, S. 28).

Tab. 3:   Arbeitslosenquoten (%) im März und April 2003 in ansteigender
           Reihenfolge

	April	März		April	März
EU15	8,1	8,0	Schweden	5,4	5,3
Eurozone	8,8	8,8	Portugal	7,3	7,0
Luxemburg	3,5	3,4	Belgien	7,9	7,8
Niederlande	:	3,7	Frankreich	9,1	9,1
Österreich	4,3	4,3	Finnland	9,2	9,1
Irland	4,6	4,5	Deutschland	9,4	9,3
Dänemark	:	5,1	Spanien	11,4	11,4

Quelle: Eurostat, http://europa.eu.int[13]

Die **beschäftigungspolitischen Erfolge** gingen nicht zu Lasten der anderen Länder, beispielsweise im Sinne einer beggar-my-neighbour-policy (Walwei, 1999/2000, S. 28). Um dies zu verdeutlichen kann gesagt werden, dass „in keinem der Erfolgsländer (...) etwa die Währungspolitik eine herausragende Rolle als Erklärung für die deutliche Besserung auf dem Arbeitsmarkt [spielte]." (Walwei, 1999/2000, S. 28). Die Erfolge wurden erzielt, im Rahmen umfassender Ansätze, die die Beschäftigungspolitik kontinuierlich verbesserten.

2000 hat der Europäische Rat in Lissabon ein neues **strategisches Ziel** für die Dekade 2000- 2010 festgelegt, die EU „zum wettbewerbsfähigsten und dynamischsten wissensbasierten Wirtschaftsraum der Welt zu machen, der fähig ist, ein dauerhaftes Wirtschaftswachstum mit mehr und besseren

---

[13] http://europa.eu.int/comm/eurostat/Public/datashop/print-product/DE?catalogue=Eurostat&-
product=3-03062003-DE-AP-DE&mode=download, 15-06-03)

Arbeitsplätzen und einem größeren sozialen Zusammenhalt zu erzielen."
Europäische Kommission, 2001, S.18).

Ein übergeordnetes Ziel der wirtschafts- und beschäftigungspolitischen
Maßnahmen besteht darin, die **Beschäftigungsquote** von heute
durchschnittlich 61 % bis 2010 möglichst nahe an 70 % heranzuführen. Die
Beschäftigungsquote der Frauen soll von heute durchschnittlich 51 % auf
über 60 % im Jahre 2010 angehoben werden. Dieses Ziel soll auch dazu
dienen um unter anderen die Tragfähigkeit der sozialen Sicherungssysteme
zu stärken (Europäische Kommission, 2001, S. 18).

Die wichtigsten Herausforderungen für die Europäische Union auf dem
Gebiet der Beschäftigung sind folgende:

> „Fortschritte auf dem Weg zur Vollbeschäftigung
> Hebung der Qualität und der Produktivität der Arbeit
> Förderung des sozialen und regionalen Zusammenhalts"
> (Europäische Kommission, 2002b, S. 8).

Weitere **Ziele der europäischen Beschäftigungspolitik** sind die
Koordinierung der Beschäftigungspolitik der EU-Mitgliedstaaten sowie deren
Entwicklung.

Es stellt sich nun die Frage, welche Maßnahmen ergriffen wurden und
werden, um diese Ziele umzusetzen. Dieser Frage soll im nächsten
Abschnitt nachgegangen werden.

4.2.2 Maßnahmen und Instrumente zur Erreichung der Ziele der Europäischen Beschäftigungspolitik

Um die Ziele einer gemeinsamen erfolgreichen europäischen Beschäftigungspolitik zu erreichen, sind verschiedene Maßnahmen und Instrumente
nötig. In der Geschichte der Europäischen Union wurden bereits
Maßnahmen eingeführt und vertieft, um diese Ziele erreichen zu können.
Diese werden nachfolgend näher erläutert und dargestellt.

Bereits in den Fünfziger Jahren profitierten die Arbeitnehmer von der sogenannten **Wiederanpassungshilfe der Europäischen Gemeinschaft für Kohle und Stahl** (EGKS). Sie bestand in Beihilfen für die Arbeitnehmer im Bereich Kohle und Stahl, deren Arbeitsplätze durch industrielle Umstrukturierungsmaßnahmen betroffen und bedroht waren. In den Sechziger Jahren wurde eins der wichtigsten Instrumente der Gemeinschaft zur Bekämpfung der Arbeitslosigkeit eingerichtet, der **Europäische Sozialfond** (Belke, 2002, S. 177).

Neue Initiativen wurde in den Achtziger und Neunziger Jahren gestartet. Wie beispielsweise **Aktionsprogramme für die Beschäftigung** von besonderen Zielgruppen, wie Langzeitarbeitslose, örtliche Beschäftigungsentwicklung und Unterstützung von kleineren und mittleren Unternehmen. Es gab außerdem noch eine Förderung zur Unterstützung der Arbeitnehmer bei einer Stellensuche in einem anderen Mitgliedstaat. Jedoch beschränkte sich das beschäftigungspolitische Instrumentarium der EG bis zum In- Kraft –Treten des Vertrages von Amsterdam auf Maßnahmen der Regional-, Struktur- und Kohäsionspolitik, der Sozialpolitik als auch der Bildungs- und Jugendpolitik (Maurer, 2002, S. 88).

Der **Europäische Fonds für Regionale Entwicklung** und der Europäische Sozialfonds sowie auch die bereits genannten Aktionsprogramme im Rahmen einer EU-Bildungspolitik führten zu Einzelaktionen zur Flexibilisierung der Arbeitsmärkte und zur Neuorganisierung der Arbeitszeit. Weiterhin führten die Aktionen zur Qualifizierung der Arbeitskräfte in wachstumsintensiven Bereiche wie Dienstleistung, neue Technologien, Umwelt oder auch Informations- und Kommunikationswirtschaft (Maurer, 2002, S. 88).

Das in den Vertragsartikeln 136 bis 146 EGV integrierte Abkommen zur Sozialpolitik beinhaltet beschäftigungspolitische Elemente, in dem der Europäischen Gemeinschaft „Kompetenzen im Bereich der Gestaltung der Arbeitsumwelt, der Arbeitsbedingungen, der Beziehungen zwischen den

Tarifparteien und der sozialen Sicherheit zugeschrieben werden." (Mauerer, 2002,S. 88). Weiterhin gewinnt „mit der Integration des Abkommens (...) die Gleichstellungspolitik[14] der EG nicht nur in der Beschäftigungspolitik an Bedeutung." (Mauerer, 2002, S. 88).

Der Europäische Rat nahm in den Achtziger und Neunziger Jahren einige Erschließungen zur Beschäftigungslage an. Doch das erst von der Kommission vorgelegte **„Weißbuch über Wachstum, Wettbewerbsfähigkeit und Beschäftigung** bewegte die EU- Mitgliedstaaten zu einem neuen Anlauf mit dem Ziel der verstärkten Koordinierung ihrer bis dahin weitgehend voneinander isolierten betriebenen Beschäftigungsstrategien." (Mauerer, 2002, S. 89). Daraufhin wurden in einer Tagung des Europäischen Rates 1994 in Essen, ausgehend von diesem Weißbuch, die Grundlagen für eine **gemeinsame europäische Beschäftigungsstrategie** geschaffen „indem die Mitgliedstaaten dringend aufgefordert wurden, die Prioritäten von Essen in Mehrjahresprogramme umzusetzen, die jährlich von den Staats- und Regierungschefs im Rat geprüft werden." (Belke, 2002, S. 178).

Fünf Schlüsselbereiche wurden beschlossen. Diese lauteten „[1] Erhöhung der Investitionen in die Berufsbildung, [2] Steigerung der Beschäftigungsintensität des Wachstums, [3] Senkung der Lohnnebenkosten, [4] Verstärkung der Wirksamkeit der Arbeitsmarktpolitik und [5] Verbesserung der Maßnahmen zugunsten der von Arbeitslosigkeit besonders betroffenen Gruppen (Jugendliche, Langzeitarbeitslose)." (Belke, 2002, S. 178). Jedoch war die Wirksamkeit dieser Maßnahmen beschränkt, da sie keine Rechtsgrundlage im Vertrag hatten, im Gegensatz zu den Bestimmungen über die Europäische Wirtschafts- und Währungsunion. Somit trat das Europäische Parlament dafür ein, ein eigenes Beschäftigungskapitel in den revidierten Vertrag aufzunehmen, worüber auf der Regierungskonferenz zur Aushandlung des Vertrages von Amsterdam

---

[14] Die Ziele der Gleichstellungspolitik ist die „Förderung der Chancengleichheit und Gleichstellung von Männern und Frauen; Bekämpfung der geschlechterspezifischen Diskriminierung." (Tannous,2002, S. 233).

1996/97 diskutiert wurde (Belke, 2002, S. 178). Somit rückte die Beschäftigungspolitik ins Zentrum der Verhandlungen.

Der Europäische Rat verständigte sich auf Initiative der Regierungen Schwedens, Frankreichs und Österreichs im Juni 1997 auf die Schaffung eines eigenständigen **Vertragstitels „Beschäftigung"** (Art. 125-130 EGV) (Mauerer, 2002, S. 89). Somit schaffte die EU ein Rechtsinstrument zur Einführung einer koordinierten Beschäftigungsstrategie. „Der Vertrag postuliert hiermit die Erarbeitung und ständige Fortschreibung einer koordinierten Beschäftigungsstrategie seitens der EG und ihrer Mitgliedstaaten, wobei der Fokus auf die Förderung der Qualifizierung, Ausbildung und Anpassungsfähigkeit der Arbeitnehmer sowie flexiblen Anpassung der Arbeitsmärkte an die Erfordernisse des wirtschaftlichen Wandels gelegt wird." (Mauerer, 2002, S. 89).

Einer der wichtigsten Punkte des Vertragstitels „Beschäftigung" ist der Art. 129 EGV. Mit ihm wurde ein **jährliches Berichts- und Überwachungsverfahren** im Hinblick auf die Einhaltung vom Rat eingeführten **beschäftigungspolitischen Leitlinien** geschaffen. (Mauerer, 2002, S. 89). Die Leitlinien wurden auf dem Gipfel von Luxemburg 1997 von den Ministern erstellt und unterstützt. Diese Leitlinien sollten in die „nationalen Aktionspläne für Beschäftigung einbezogen werden und sehen vier Säulen vor: Verbesserung der Beschäftigungsfähigkeit, Entwicklung des Unternehmergeistes, Förderung der Anpassungsfähigkeit der Unternehmen, Stärkung der Maßnahmen für Chancengleichheit." (Belke, 2002, S. 178).

Aufgrund des Standortes der Verhandlungen wird der Gipfel auch als Luxemburg-Prozess bezeichnet. Außerdem unterstützte der Luxemburger Gipfel die Finanzierung von kleineren und mittleren Unternehmen und von innovativen Maßnahmen auf dem Arbeitsmarkt. Ferner einen Aktionsplan für die Europäische Investitionsbank mit der Zielsetzung neue Kredite für kleinere und mittlere Unternehmen, für neue Technologien sowie für transeuropäische Netze zu erlangen. Die Finanzierung der Leitlinien findet, wie bereits erwähnt, durch die Europäische Investitionsbank und aus EG-Haushaltstiteln statt.

Im bereits erwähnten jährlichen Berichts- und Überwachungsverfahren des Europäischen Rates erstellen der Rat und die Kommission einen gemeinsam einen Jahresbericht zur Beschäftigungslage in Europa. Nach Vorlage im Europäischen Rat, erfolgt die Verabschiedung von Schlussfolgerungen, die die Grundlage für beschäftigungspolitische Leitlinien bilden.[15] Diese werden nach Vorschlag der Kommission und nach Anhörung des Europäischen Parlaments, des Wirtschafts- und Sozialausschusses, des Ausschusses der Regionen und des Beschäftigungsausschusses mit qualifizierter Mehrheit verabschiedet (Mauerer, 2002, S. 90).

Die Leitlinien des Rats haben keine rechtlich verbindliche Wirkung in den Mitgliedstaaten. Sie dienen eher als Empfehlungen im Rahmen der multilateralen Überwachung. Diese „Leitlinien [können] nur abstrakt formulierte Maßnahmenoptionen auflisten oder aber quantitativ präzise nachprüfbare Zieldaten enthalten." (Mauerer, 2002, S. 91).

Auf dem Gipfel in Köln 1999 wurde anknüpfend an den Vertrag von Amsterdam, ein **Beschäftigungspakt** geschlossen, der auf drei abzustimmenden Prozessen beruht:

„Weiterentwicklung und Umsetzung der auf dem Beschäftigungsgipfel in Luxemburg 1997 beschlossenen beschäftigungspolitischen Leitlinien, Institutionalisierung eines kooperativen makroökonomischen Dialogs zwischen den Tarifparteien Europäische Zentralbank (EZB), dem Europäischen Rat und der EU-Kommission sowie Reformen zur Verbesserung der Innovationsfähigkeit und zur Steigerung der Effizienz von Güter-, Dienstleistungs- und Kapitalmärkten." (Belke, 2002, S. 179) Diese drei Elemente sollten sich wechselseitig verstärken (Cardiff Prozess[16]).

---

15 Weiterführende Literatur: Theurl, Theresia (Hrsg.),Ohr, Renate; Kompendium Europäische Wirtschaftspolitik. Vahlen, München. 2001
16 Der Europäische Rat von Cardiff stellte im Juni 1998 im Hinblick auf die nationalen Aktionspläne fest, dass zur Stärkung aktiver Arbeitsmarktpolitiken erhebliche Anstrengungen unternommen wurden. (Belke, 2002, S. 178)

Soweit ein grober Überblick über die Maßnahmen, die ergriffen wurden, um die gemeinsame Zielsetzung der Europäischen Union zu erreichen. Nun steht eine Erweiterung um 10 Mittel- und Osteuropäische Staaten an. Somit kommen neue Herausforderungen auf die bereits bestehende Union zu. Im nächsten Kapitel wird die Arbeitsmarktsituation in den Kandidatenländern wiedergegeben, sowie die Auswirkungen einer Integration auf den europäischen Arbeitsmarkts dargestellt.

4.3 Auswirkungen der Integration der MOE-Staaten auf den Arbeitsmarkt

Wie bereits erwähnt, werden im Jahr 2004 10 Mittel- und Osteuropäische Staaten (MOE-Staaten) der EU beitreten. In diesem Kapitel wird anhand dieses konkreten Beispiels einer Erweiterung des Integrationsraumes aufgezeigt, wie sich der gesamteuropäische Arbeitsmarkt verändern könnte. Der erste Abschnitt beschreibt die aktuelle Situation auf dem Arbeitsmarkt in den Kandidatenstaaten Mittel- und Osteuropas. Im zweiten Abschnitt wird versucht einen Überblick zu den Auswirkungen einer Integration auf den gesamteuropäischen Arbeitsmarkt zu geben.

4.3.1 Arbeitsmarktlage in den MOE- Staaten

Im Mai 2004 werden 10 neue Staaten der Europäischen Union beitreten. Diese Länder sind Estland, Lettland, Litauen, Polen, Malta, Zypern, die Slowakische Republik, die Tschechische Republik, Slowenien und Ungarn. Bulgarien und Rumänien sind vorerst nicht in der Erweiterungsrunde.

Mit dem Beitritt der 10 Staaten erlebt die Europäische Union einen **Bevölkerungszuwachs** von insgesamt ca. 106 Millionen Menschen. Somit liegt die Bevölkerungszahl des gesamten integrierten Raumes bei ca. 409 Millionen Menschen (Europäische Kommission, 2002b, S. 135). Dadurch werden Veränderungen des Beschäftigungsmarktes und der Arbeitsmarktstruktur der EU herbeigeführt. Die Strukturreformen sollen parallel dazu fortgesetzt werden, um die in Lissabon beschlossenen strategischen Ziele bis 2010 zu erreichen. Die Ziele und die Strukturreformen wurden bereits in Punkt 4.2.1 näher erläutert.

Der größte Teil der **Erwerbstätigen** in den Beitrittsstaaten sind im primären und sekundären Sektor (Landwirtschaft und Industrie) tätig. „Der Umstrukturierungsprozess wird sich nachhaltig auf die sektorale Beschäftigungsstruktur [der MOE-Staaten] auswirken, führt er doch zu einer Zunahme der Arbeitsplätze im Dienstleistungssektor, wo gegenüber der EU noch ein starker Nachholbedarf besteht." (Europäische Kommission, 2002b, S. 135). Laut Kommission wird die wirtschaftliche Entwicklung, die Zunahme des Wettbewerbs, als auch die Einbindung in einen einheitlichen Binnenmarkt zu steigenden Einkommen sowie einer steigenden Nachfrage nach Dienstleistungen innerhalb des integrierten Raums sowie der Beitrittsländer führen (Europäische Kommission, 2002b, S. 135).

Vom **internationalen Konjunkturrückgang** sind auch die MOE-Staaten betroffen, was sich auch Auswirkungen auf den Arbeitsmarkt auswirkt. Die MOE-Länder sehen sich mit erheblichen **strukturellen Problemen** konfrontiert, ehe eine mögliche Verbesserung der Weltwirtschaftslage stattfindet, die mit der Schaffung neuer Arbeitsplätze verbunden sein könnte. Durch die Folge der weltweiten Konjunkturschwäche, die auch die EU betrifft, verringerte sich das Bruttosozialprodukt der einzelnen Staaten (Europäische Kommission, 2002b, S. 136).

In den MOE-Staaten hat seit 1997 die **Beschäftigungsquote abgenommen** und somit die **Arbeitslosenquote zugenommen**. Schon seit längerem hatte sich die Erwerbsbeteiligung rückläufig entwickelt. Vor 1997 stieg zwar die Beschäftigung bei gleichzeitig sinkender Erwerbsbeteiligung, was zur Folge hatte, dass die Arbeitslosenquote zurück ging. Doch nach 1997 nahm die Beschäftigung ab, was folglich einen Anstieg der Arbeitslosigkeit bewirkte. Laut der Europäischen Kommission sind „im Dienstleistungssektor zahlreiche neue Arbeitsplätze entstanden, doch reicht dies nicht aus, um die aus der Umgestaltung des Industrie- und Agrarsektors resultierenden Arbeitsplatzverluste auszugleichen." (Europäische Kommission, 2002b, S. 136). In der nachfolgenden Tabelle sind die Beschäftigungs-, Erwerbsbeteiligung- und Arbeitslosenquoten vom Jahr 2001 dargestellt. Für Malta liegen leider keine Zahlen vor.

Tab. 4: Quotendarstellung der Arbeitsmarktlage in den MOE- Staaten für das Jahr 2001

	Beschäftigungsquote	Erwerbsquote	Arbeitslosenquote
Zypern	67,9	70,8	4,0
Tschechische Republik	65,0	70,7	8,0
Estland	61,1	69,9	12,4
Ungarn	56,3	59,7	5,7
Litauen	58,6	70,4	16,5
Lettland	58,9	68,0	13,1
Polen	53,8	66,1	18,4
Slowenien	63,6	67,5	5,7
Slowakei	56,7	70,4	19,4
EU 15	64,0	69,2	7,6

Quelle: Eigene Darstellung nach Eurostat (Europäische Kommission, 2002b, S. 138)

Wie deutlich erkennbar ist, lagen die Tschechische Republik und Zypern als einzige mit ihrer Beschäftigungsquote über dem EU-Durchschnitt. Im Jahr 2002 fiel die Beschäftigungsquotequote in Polen und Litauen, während die anderen Beitrittskandidaten einen Anstieg verzeichneten. (Europäische Kommission, 2002b, S. 136). Die Arbeitslosenquote in Polen lag bei 18,4 %, womit Polen an der Spitze der Arbeitslosenzahlen der Beitrittskandidaten lag. Die niedrigste Arbeitslosenquote hatte Zypern mit 4 % und lag somit auch unterhalb des Durchschnittes in dem bereits bestehenden Integrationsraum der EU 15, der eine Quote von 7,6 % aufwies.

Nach Betrachtung der Daten erweist sich die Integration der Beitrittskandidaten Osteuropas als problematisch. Aufgrund der hohen Arbeitslosenzahlen einiger Staaten steht die EU damit vor hohen

Herausforderungen, worauf im nächsten Abschnitt näher eingegangen werden soll. Maßnahmen der europäischen Arbeitsmarktpolitik und Lösungsansätze für das Problem der Arbeitslosigkeit in der EU wurden bereits im Punkt 4.2.2 dargestellt

4.3.2 Auswirkungen der Integration der MOE-Staaten auf den gesamteuropäischen Arbeitsmarkt

Dieses Kapitel stellt einen Überblick über die Auswirkungen der Integration der Transformationsländer darstellen. Aufgrund der Komplexität der Thematik kann dies allerdings nur ein Versuch sein. Sogar renommierte Wirtschaftsinstitute treffen nur zurückhaltende Voraussagen angesichts der Tatsache, dass schon mehrere Erweiterungen mit wirtschaftlich schwachen Ländern erfolgten und die damals erstellten Prognosen kaum zutrafen. Trotzdem können einige grundlegende Aussagen getroffen werden.

Mit der Vollendung des Binnenmarktes 1993 wurde die **Freizügigkeit der Personen** ermöglicht, womit von einem gemeinsamen Arbeitsmarkt gesprochen werden kann. Es wird unterschieden zwischen der personellen Freizügigkeit (der Niederlassungsfreiheit) und der funktionellen Freizügigkeit (der Berufsausübungsfreiheit). Die Berufsausübungsfreiheit verbietet die Diskriminierung aufgrund der Staatsangehörigkeit. Weiterhin hat jeder EU-Bürger das Recht, in jedem Mitgliedsland nach Arbeit zu suchen oder eine selbstständige Existenz aufzubauen. Jeder EU-Bürger, der in einem Mitgliedsland beschäftigt ist, hat auch das Recht auf Aufenthalt und Niederlassung (Art. 48 Abs. 2 und 3 EWG Vertrag) (Keller, 1997, S. 151).

Die größten Befürchtungen liegen darin, dass Mittel- und Osteuropäische Arbeitskräfte den bereits gebeutelten EU-Arbeitsmarkt überschwemmen könnten. Diese Befürchtungen existierten schon bei früheren Erweiterungen und haben sich jedoch nicht bestätigt. Deswegen besteht durchaus die Möglichkeit, dass auch bei der aktuellen Erweiterung diese Befürchtungen nicht angebracht sind. Gründe für eine Nicht-Abwanderung der Arbeitskräfte der Beitrittsstaaten wären beispielsweise „die divergente Fachausbildung, fehlende Sprachkenntnisse, geographische Entfernung, psychologische Faktoren bei den Bürgern der MOE-Staaten und erhebliche administrative Beschränkungen sowie der Mangel an Nachfrage auf Seiten der EU." (Inotai, 1998, S. 32).

Ausnahmen von den obigen Annahmen zur Mobilität osteuropäischer Arbeitskräfte könnten eventuell grenznahe Regionen darstellen, wie beispielsweise das deutsch – polnische Grenzgebiet, das durch Pendler oder Grenzgänger charakterisiert sein könnte. Durch eine gewisse weitere Angleichung des wirtschaftlichen Entwicklungs- und Wohlstandsniveaus verhindert werden, „die sich auch in den Löhnen und Gehältern spiegelt, sowie eine stärkere Entwicklung des Sozialraums Europa als Ergänzung zum Wirtschaftsraum würden auch in Zukunft ökonomisch motivierte Wanderungen eher verhindern als verstärken." (Keller, 1997, S. 154).

Eine komplette **Verhinderung der Wanderung** der Arbeitskräfte ist jedoch nicht zu erwarten, denn noch gibt es Wohlstands- und Einkommensgefälle zwischen der EU und den MOE-Staaten. Falsch wäre auch anzunehmen, dass die MOE- Staaten ein Reservoir billiger Arbeitskräfte darstellen.

Befürchtungen bestehen jedoch im Bereich des **sozialen Dumping**. Denn durch das Fehlen von Binnengrenzen, die Freizügigkeit und die Niederlassungsfreiheit könnten die Unternehmen ihre Produktion in die MOE-Staaten verlegen. Es entsteht die Gefahr des Sozialdumpings durch das Entstehen und eine Verschärfung des ökonomischen und sozialen Unterbietungswettbewerbs der Staaten mit deutlich geringeren Lohnkosten bzw. niedrigeren Sozialleistungsniveaus. Doch andererseits kam es bislang nicht zu massiven Verlagerungen der Produktionsstätten, obwohl die Möglichkeiten merklich attraktiver geworden sind (Inotai, 1998, S. 32).

Durch den **zunehmenden Handel** mit den MOE-Staaten wird der gesamteuropäische Arbeitsmarkt ebenfalls beeinflusst. Jedoch ist die Bedeutung des Handels für jedes der EU-Länder sehr unterschiedlich. Den meisten Nutzen am Handel haben Österreich, Deutschland und Griechenland, sowie Italien. Für die Staaten Frankreich, Großbritannien sowie insbesondere Portugal ist der Handel von geringerer Bedeutung. Die EU selbst ist jedoch für die MOE-Staaten in der Regel der wichtigste Handelspartner. Auf der einen Seite profitiert natürlich die Beschäftigung in den EU-Ländern von den höheren Exporten nach Mittel- und Osteuropa. Jedoch auf der anderen Seite steht die inländische Produktion unter stärkerem Konkurrenzdruck durch Importe (Schuhmacher, 1998, S. 126).

Der **Exportüberschuss der EU** hat sich gegenüber den MOE-Staaten vergrößert, indem die Exporte der EU in den letzten Jahren schneller gewachsen sind als die Importe. Die Beschäftigungseffekte fallen jedoch nach Wirtschaftszweigen sehr unterschiedlich aus. Einige Sektoren gewinnen an Beschäftigung andere verlieren. Kurz- oder mittelfristig könnte die Erweiterung dank des bereits beschriebenen Handels zwischen der EU und den MOE-Staaten sowie dessen Intensivierung, der zunehmenden Spezialisierung und des höheren Wirtschaftswachstums neue Arbeitsplätze schaffen (Inotai, 1998, S. 32).

Die zunehmende technologische Entwicklung und Weiterentwicklung der Produktion erhöht den Bedarf an qualifizierten Arbeitskräften. Somit könnten die weniger qualifizierten Arbeitskräfte die Verlierer einer verstärkten Arbeitsteilung mit Mittel- und Osteuropa werden. Gerade hochqualifizierte Kräfte profitieren in den modernen exportorientierten Bereichen der Wirtschaft, von höheren Löhnen und verbesserten Arbeitsbedingungen, während die verbleibenden Arbeitskräfte unter ungünstigeren Bedingungen zu arbeiten haben. Die Langzeitarbeitslosen sind besonders betroffen, da wie bereits erwähnt, ihre Wiedereingliederung in einen modernen Arbeitsmarkt sehr schwierig ist. (Turek, 1996, S. 132 f.) Weiterhin kann die Erweiterung zu einer Deregulierung der Arbeitsmärkte führen, so dass **flexiblere Arbeitsmärkte** langfristig zu verbesserten wirtschaftlichen Ergebnissen führen. Noch hat der flexible Markt jedoch auch seine negativen Seiten. Diese werden jedoch im nächsten Punkt näher erläutert.

Wenn die Staaten der Eurozone beigetreten sind, reduziert sich die Zahl der national einsetzbaren wirtschaftspolitischen Maßnahmen, so dass beispielsweise externe Schocks entweder Beschäftigungsabbau oder eine schrumpfende Wirtschaft bewirken können, die jedoch über einen flexibleren Arbeitsmarkt bekämpft werden könnten. (Burda, 2000, S. 99) Im nächsten Punkt soll ein kurzer Ausblick dazu gegeben werden.

4.4 Ausblick

In diesem Abschnitt soll ein kurzer Ausblick dazu gegeben werden, ob es die zukünftigen Wege zu einer Beschäftigungspolitik eher nationale oder europäische sind. Es stellt sich die Frage ob die **Einführung des Euros** das Ende nationaler Beschäftigungspolitiken und damit die zunehmende Europäisierung eingeleitet hat. Wenn man sich jedoch die europäischen beschäftigungspolitischen Anstrengungen vor Augen führt, zeigt sich, dass die Probleme in den EU-Ländern sehr differenziert sind. Verschieden sind Niveau und Struktur von Erwerbstätigkeit und Arbeitslosigkeit, wie auch die Richtung und das Tempo der Veränderungen am Arbeitsmarkt. Das Grundproblem besteht darin, dass es momentan auf nationaler Ebene keine Patenlösung für die Arbeitsmarktproblematik zu geben scheint. Das gilt insbesondere für die Europäische Union, mit ihren regional sehr unterschiedlichen Problemlagen (Walwei, 1999/2000, S. 28).

Jedoch ist die Währungsunion auch mit Hoffnungen verbunden, denn „nachdem die Rolle der EU bisher in beschäftigungspolitischer Hinsicht als eher subsidiär einzustufen ist, stellt die Währungsunion einen bedeutenden Einschnitt dar, der weitere Kompetenzverlagerungen nach sich ziehen kann könnte." (Walwei, 1999/2000, S. 28 f.). Mit der Einführung einer gemeinsamen Währung könnten bestimmte wirtschaftliche Vorteile verbunden sein, wie beispielsweise Kostenersparnisse und Reduzierung von Wechselkursunsicherheiten.

Negativ zu bewerten wäre, dass sich die MOE-Staaten der EU „unterwerfen" müssen und somit an Flexibilität ihres Arbeitsmarkts verlieren könnten. Burda drückt das folgendermaßen aus; „Für die meisten MOE-Länder, die sich der Europäischen Union anschließen, wird dies zusätzliche strukturelle Schocks für die Landwirtschaft, die Industrie und den Dienstleistungsbereich implizieren, nachdem sie schon Opfer von „Transformationsschocks" waren." (Burda, 2000, S. 99). Außerdem könnte auch die EU-Mitgliedschaft die Fähigkeit des Arbeitsmarktes beeinträchtigen, mit weiteren zukünftigen Schocks fertig zu werden.

Um jedoch die Arbeitslosigkeit reduzieren zu können, müssten erst auf nationaler Ebene Reformen durchgeführt werden, damit die Beschäftigungsquote steigt und somit Europa weltweit wieder wettbewerbsfähiger sein kann. Der Arbeitsmarkt müsste flexibler gestaltet werden, was eine Deregulierung der Arbeitsmärkte bedeutet. Diese Deregulierung kann jedoch nur vom Staat durchgeführt werden, das heißt bestimmte Beschränkungen müssten aufgehoben werden, oder zum Teil aufgehoben werden, wie beispielsweise die hohe Besteuerung der Arbeit. Durch eine Deregulierung des Arbeitsmarktes wäre es auch für die Unternehmen leichter und attraktiver Arbeitnehmer einzustellen. Da die Arbeit eine Ressource darstellt, ist es für die Unternehmen von Vorteil ihre Ressourcen besser einzuteilen und sich die besten Ressourcen zu sichern. Für die Arbeitnehmer gäbe es auch den Vorteil, dass sie durch Anreize seitens der Unternehmen schneller ihren Arbeitsplatz wechseln könnten und dementsprechend die beste Option für sich realisieren könnte. (Walwei, 1999/2000, S. 29 f.).

Durch die Flexibilisierung des Arbeitsmarktes können durchaus auch **Nachteile** entstehen. Dadurch dass bestimmte Bestimmungen außer Kraft gesetzt werden, könnten die Rechte der Arbeitnehmer verwässert oder gar aufgehoben werden. Unternehmer würden dies natürlich zu ihrem Vorteil nutzen. Folge könnten eine Ausbeutung der Arbeitnehmer und willkürliche Entlassungen sein. Zur Regulierung des Arbeitsmarktes gehört beispielsweise auch der Kündigungsschutz. Wenn dieser sehr stark gelockert wird, wir es zwangsläufig dazu führen, dass Arbeitnehmer einfacher entlassen werden können. Weiterhin würde das den Arbeitnehmer einem psychischen Druck aussetzen, immer die Entlassung befürchtend. Somit wären die Nachteile auch auf sozialer Ebene sichtbar.(Keller, 1997, S. 162 f.)

Durch das Flexibilisieren der Arbeitsmärkte könnten Vorteile als auch Nachteile entstehen, jedoch könnten langfristig die Vorteile überwiegen und es könnte eine Verbesserung der Arbeitsmarktsituation auf gesamt-europäischer Ebene stattfinden.

Zusammenfassend ist zu sagen, dass es abzuwarten bleibt, ob es einen gemeinsamen europäischen Arbeitsmarkt geben wird. Vorerst müssen die nationalen Probleme gelöst werden und Möglichkeiten geschaffen werden, um Lösungen für Arbeitsmarktprobleme auf dem gesamteuropäischen Markt zu finden. Das heißt, dass die Akteure in den Nationalstaaten in der Führungsrolle sind, die Verbesserung der Arbeitsmärkte durchzuführen. Die Akteure sind die ersten, wenn es darum geht, für Verbesserungen der Rahmenbedingungen für die Beschäftigung in den Staaten zu sorgen, in dem beispielsweise „eine beschäftigungsorientierte Tarifpolitik von den Tarifparteien umgesetzt und vom Staat unterstützt wird." (Walwei, 1999/2000, S. 32).

Walwei argumentiert weiterhin, dass „erst wenn es zu einer politischen Union käme, die Solidarität zwischen den Ländern voraussetzt und damit mehr grenzüberschreitende Transfers impliziert, (...) eine umfassende europäische Beschäftigungs- und Sozialpolitik Realität werden [könnte]." (Walwei, 1999/2000, S. 32). Um dieses Ziel zu erreichen ist es jetzt wichtig, dass eine Zusammenarbeit von nationalen und europäischen

Entscheidungsträgern stattfindet, und diese in effektivster Form geschieht (Walwei, 1999/2000, S. 32).

5 Schlussbetrachtung

Anhand der in der Einleitung aufgestellten Thesen werden nachfolgend kurz die Ergebnisse der Arbeit umrissen. Mit Blick auf die Arbeit und die zu untersuchende Fragestellung kann festgestellt werden, dass eine Wirtschaftsintegration insgesamt eine Verbesserung der Wohlfahrt und politische Stabilität für die Staaten, eine Verbesserung der Leistungskraft der Wirtschaft und eine Umsatzsteigerung für die Unternehmen sowie eine Erhöhung der Lebensqualität für die Bevölkerung bewirkt. Allerdings hängt die tatsächliche Ausprägung dieser positiven Effekte essentiell mit der politischen Umsetzung der Integration und der strukturellen Anpassung der Volkswirtschaften vor der Integration ab. Unter sehr ungünstigen Konstellationen kann sich eine Integration sogar negativ für die beteiligten Staaten auswirken. Auch eine mangelnde institutionelle Anpassung an veränderte strukturelle und wirtschaftliche Situationen führt langfristig zu einer Überlastung supranationaler Institutionen und ein vermehrtes einzelstaatliches und kontraproduktives Handeln.

Es konnte festgestellt werden, dass die Integration die Umsetzung wirtschaftspolitischer Ziele wie bspw. Preisniveaustabilität unterstützen kann. Durch die Integration eröffnen sich ebenfalls Potenziale zur Regulierung des Arbeitslosigkeitsproblems, z.B. durch die Freizügigkeit im Europäischen Binnenmarkt. Der These eins ist also zuzustimmen, denn durch die Integration weiterer Staaten könnten neue Arbeitsplätze entstehen, der Wettbewerb intensiviert sich und führt zur politischen und gesellschaftspolitischen Stabilisierung von demokratischen Strukturen.

Auch die zweite These findet sich durch die Literaturrecherche bestätigt. Der vergrößerte Markt erhöht die Zahl der Marktteilnehmer, was allein schon einen intensiveren Wettbewerb bedeutet. Durch eine Integration wird der Wettbewerb auf allen Märkten gestärkt - auf dem Gütermarkt, dem Arbeitsmarkt und dem Kapitalmarkt. Durch die Marktgröße sind die Unternehmen besser in der Lage zu expandieren oder zu fusionieren.

Dadurch können Umsätze gesteigert werden, der Bedarf an Arbeitskräften erhöht sich und somit verbessert sich die Lage auf dem Arbeitsmarkt und die Arbeitslosenquote könnte zurückgehen. Durch verschiedene Regulierungen und Anpassungen der Wettbewerbspolitik auf Europäischer Ebene lassen sich diese Effekte noch verstärken und unterstützen. Der Arbeitnehmer erhält durch die aus der europäischen Integration resultierende politische und wirtschaftliche Stabilität eine Existenzsicherung seines Arbeitsplatzes und seiner wirtschaftlichen bzw. gesellschaftlichen Stellung. Auf die Auswirkungen der Freizügigkeit wurde oben bereits eingegangen. Der Wettbewerb auf dem Arbeitsmarkt wird den qualifizierten Arbeitskräften viele Möglichkeiten der Selbstverwirklichung bieten, allerdings wird sich die bereits schwierige Situation für die unqualifizierten Arbeitskräfte höchstwahrscheinlich noch verschärfen. Durch die wettbewerbsfähigen Unternehmen wird der Binnenmarkt insgesamt leistungsfähiger. Da die höchste Stufe der Wirtschaftintegration eine politische Union darstellt, könnte nicht nur wirtschaftlich sondern auch politisch ein Gegenpol zur Wirtschafts- und Politmacht USA und Wirtschaftsmacht Japan geschaffen werden. Somit wurde die These zwei untermauert und bestätigt.

Der These drei kann ebenfalls zugestimmt werden, dass auf dem Gütermarkt eine weitergehende Integration zu einem noch größeren Angebot an Gütern führen wird. Allerdings bestätigt sich auch, dass für die Konsumenten eine verminderte Transparenz und eine kaum bewältigbare Informationsflut die Konsequenz sein könnte. Der Konsument wird in seiner Souveränität eingeschränkt und kann seine Rolle am Gütermarkt nicht mehr vollständig erfüllen. Er profitiert aber von einer wirtschaftlichen Integration, indem der dadurch gesteigerte Wettbewerb die Preise sinken lässt.

Fazit

Die Idee der wirtschaftlichen Integration besteht in der Verbesserung des Lebensstandards und der Steigerung der Wohlfahrt der beteiligten Länder. Jedoch sind negative Auswirkungen einer wirtschaftlichen Integration ebenso möglich und sollten nicht unterschätzt werden. In der Praxis der Integration können viele unvorhergesehene und „hausgemachte" Probleme auftreten, so dass man nicht nur von Vorteilen reden kann und darf.

Insbesondere die Umsetzung von Integrationsbemühungen hat sich als problematisch herausgestellt, da vieles noch an der Politik der einzelnen Länder scheitert. Hauptgrund bleibt nach wie vor die Angst des Souveränitätsverlustes, die vieles blockiert und bei der Umsetzungen von Richtlinien und Vereinbarungen zu Verzögerung führt.

Weiterhin hat sich im Laufe der letzten Jahre die wirtschaftliche Lage in den Kernländern der Europäischen Union verschlechtert und somit kommen noch mehr Probleme auf die EU zu. Die MOE-Staaten müssen durch die Übernahme des „acquis communautaire" der EU zusätzliche strukturelle Anpassung vornehmen, die die Wirtschaft belasten. Mit dem Eintritt in die EU sind sie auch wirtschaftlichen Schocks, die sich durch die schlechte wirtschaftliche Lage der bereits integrierten Staaten ergeben können, ausgeliefert.

Jedoch muss auch anerkannt werden, dass mit der Europäische Union bis zu diesem Zeitpunkt Einmaliges geschaffen wurde und die Errungenschaften wie beispielsweise der Binnenmarkt, oder die Wirtschafts- und Währungsunion, lassen in Zukunft noch einiges erwarten. Das Model der Wirtschaftsintegration, wie es bei der Europäischen Union angewandt wurde, gab es im Laufe der Zeit kein zweites Mal und es wird sich zeigen, ob die angestrebten Ziele auch verwirklicht werden können. Die bisherige Verwirklichung der Ziele sowie die Maßnahmen die ergriffen wurden, sind von großer politischer, gesellschaftspolitischer und wirtschaftlicher Bedeutung und sollten weitergeführt werden.

LITERATURVERZEICHNIS

1. **Bartoszewski**, Wladyslaw: Europa erdenken, in Weidenfeld, Werner: Europa Handbuch. Bonn 2002

2. **Behrens**, Peter: EU- Wettbewerbspolitik, in Hasse, Rolf H./ Schneider, Hermann/ Weigelt, Klaus (Hrsg.): Lexikon soziale Marktwirtschaft- Wirtschaftspolitik von A bis Z. Paderborn 2002

3. **Belke**, Ansgar: Beschäftigungspolitik, in Hasse, Rolf H./ Schneider, Hermann/ Weigelt, Klaus (Hrsg.): Lexikon soziale Marktwirtschaft- Wirtschaftspolitik von A bis Z. Paderborn 2002

4. **Belke**, Ansgar: EU-Beschäftigungspolitik, in Hasse, Rolf H./ Schneider, Hermann/ Weigelt, Klaus (Hrsg.): Lexikon soziale Marktwirtschaft- Wirtschaftspolitik von A bis Z. Paderborn 2002

5. **Bertelsmann Wissensstiftung Forschungsgruppe Europa** (Hrsg.): Kosten, Nutzen und Chancen der Osterweiterung für die Europäische Union. Gütersloh 1998

6. **Blank**, Jürgen E./ Clausen, Hartmut/ Wacker, Holger: Internationale ökonomische Integration. Von der Freihandelszone zur Wirtschafts- und Währungsunion. München 1998

7. **Bundeszentrale für Politische Bildung**: Aus Politik und Zeitgeschichte. B 1-2/2003

8. **Bundeszentrale für Politische Bildung**: Aus Politik und Zeitgeschichte. B 1-2/2002

9. **Bundeszentrale für politische Bildung**: Wirtschaft heute. Bonn 2002

10. **Burda**, Michael C.: Mehr Arbeitslose- Der Preis für die Osterweiterung? in, Paraskewopoulos, Spiridon: Die Osterweiterung der Europäischen Union. Chancen und Perspektiven (Schriftenreihe der Gesellschaft für Deutschlandforschung; GDF 75). Berlin 2000

11. **Decker**, Frank: Parlamentarisch, präsidentiell oder semi- präsidentiell? Der Verfassungskonvent ringt um die künftige Gestalt Europas, in Bundeszentrale für Politische Bildung: Aus Politik und Zeitgeschichte. B 1-2/2003

12. **Delors**, Jaques: Eine Avantgarde als Motor für den europäischen Einigungsprozess, in Weidenfeld, Werner: Europa Handbuch. Bonn 2002

13. **Deutscher Bundestag** (Hrsg.): Schussbericht der Enquete Kommission- Globalisierung der Weltwirtschaft. Opladen 2002

14. **Dicke**, Hugo: Der Europäische Binnenmarkt, in Weidenfeld, Werner: Europa Handbuch. Bonn 2002

15. **Dickertmann**, Dietrich/ Leiendecker, Annemarie: Subventionen, staatliche Beihilfen, in Hasse, Rolf H./ Schneider, Hermann/ Weigelt, Klaus (Hrsg.): Lexikon soziale Marktwirtschaft-Wirtschaftspolitik von A bis Z. Paderborn 2002

16. **Dieckheuer**, Gustav: Internationale Wirtschaftsbeziehungen. München, Oldenbourg 2001

17. **Europäische Kommission**: Die Wettbewerbspolitik in Europa und der Bürger. Luxemburg 2000

18. **Europäische Kommission**: Beschäftigung in Europa 2001. Luxemburg 2001

19. **Europäische Kommission**: Auf dem Weg zur erweiterten Union. Luxemburg 2002a

20. **Europäische Kommission**: Beschäftigung in Europa 2002. Luxemburg 2002b

21. **Fiedler**, Georg: Arbeitslosigkeit und Beschäftigung in Europa, in Schmidt, K.G.: Europa ohne Arbeit, Opladen 1999

22. **Foders**, Frederico/ Dicke, Hugo: Wirtschaftliche Auswirkungen einer EU-Erweiterung auf die Mitgliedsstaaten. Tübingen 2000

23. **Friedrich**, Holger B.: Wettbewerbspolitik, in Weidenfeld, Werner/ Wessels, Werner (Hrsg.): Europa von A-Z. Bonn 2002

24. **Gabler** Wirtschaftslexikon, CD ROM, 1997

25. **Giering**, Claus et al.: Demokratie und Interessenausgleich in der Europäischen Union. Gütersloh 1999

26. **Giering**, Claus: Agenda 2000, in Weidenfeld, Werner/ Wessels, Werner (Hrsg.): Europa von A-Z. Bonn 2002a

27. **Giering**, Claus: Integrationstheorien, in Weidenfeld, Werner/ Wessels, Werner (Hrsg.): Europa von A-Z. Bonn 2002

28. **Hasse**, Rolf H./ Schneider, Hermann/ Weigelt, Klaus (Hrsg.): Lexikon soziale Marktwirtschaft-Wirtschaftspolitik von A bis Z. Paderborn 2002

29. **Hillenbrand**, Olaf: Die Wirtschafts- und Währungsunion, in Weidenfeld, Werner: Europa Handbuch. Bonn 2002a

30. **Hillenbrand**, Olaf: Europa- ABC, in Weidenfeld, Werner/ Wessels, Werner (Hrsg.): Europa von A-Z. Bonn 2002b

31. **Hödl**, Erich; Weida, Andreas: Europäische Wirtschaftsordnung. Frankfurt /Main 2001

32. **Hoffmann**, Lutz: Erweiterung der EU. Berlin 2000

33. http://www.politikerscreen.de/t-online/lexikon_detail.asp?ID=508, 13.06.2003

34. **Ignatjuk**, Marina: Internationale Organisationen, in Hasse, Rolf H./ Schneider, Hermann/ Weigelt, Klaus (Hrsg.): Lexikon soziale Marktwirtschaft-Wirtschaftspolitik von A bis Z. Paderborn 2002

35.**Inotai**, András: Arbeitsmarkt, Arbeitskräfte, in Bertelsmann Wissensstiftung Forschungsgruppe Europa (Hrsg.): Kosten, Nutzen und Chancen der Osterweiterung für die Europäische Union. Gütersloh 1998

36.**Keller**, Berndt: Europäische Arbeits- und Sozialpolitik. München, Oldenbourg 1997

37.**Kleinherz**, Gerhard D.: Bundesanstalt für Arbeit, in Hasse, Rolf H./ Schneider, Hermann/ Weigelt, Klaus (Hrsg.): Lexikon soziale Marktwirtschaft-Wirtschaftspolitik von A bis Z. Paderborn 2002

38.**Kohler- Koch**, Beate/ Jachtenfuchs, Markus: Europäische Integration. Opladen 1996

39.**Kreile**, Michael: Die Osterweiterung der Europäischen Union, in Weidenfeld, Werner: Europa Handbuch. Bonn 2002

40.**Krugman**, Paul: Der Mythos vom globalen Wirtschaftskrieg. Frankfurt/Main 1999a

41.**Krugman**, Paul: Die große Rezession. Frankfurt/Main 1999b

42.**Krüsselberg**, Hans-Günter: Arbeitslosigkeit: Wirkungszusammenhänge, in Hasse, Rolf H./ Schneider, Hermann/ Weigelt, Klaus (Hrsg.): Lexikon soziale Marktwirtschaft-Wirtschaftspolitik von A bis Z. Paderborn 2002

43.**Läufer**, Thomas: Vertrag von Amsterdam (Texte des EU-Vertrages und EG-Vertrages). Bonn 1998

44.**Lippert**, Babara: Erweiterung, in Weidenfeld, Werner/ Wessels, Werner (Hrsg.): Europa von A-Z. Bonn 2002

45.**Maurer**, Andreas: Beschäftigungspolitik, in Weidenfeld, Werner/ Wessels, Werner (Hrsg.): Europa von A-Z. Bonn 2002

46.**Meade**, James E.: Die stationäre Wirtschaft. Köln 1971

47.**Menck**, Karl Wolfgang: Integration, in Hasse, Rolf H./ Schneider, Hermann/ Weigelt, Klaus (Hrsg.): Lexikon soziale Marktwirtschaft-Wirtschaftspolitik von A bis Z. Paderborn 2002

48.**Miegel**, Meinhard: Transformation - Leipziger Beiträge zu Wirtschaft und Gesellschaft. Leipzig 1998

49.**Nohlen**, Dieter (Hrsg.):Wörterbuch Staat und Politik. 4.Auflage, München 1996

50.**Ohr** R./Gruber T.: Zur Theorie regionaler Integration, in Theurl, Theresia (Hrsg.);Ohr, Renate; Kompendium Europäische Wirtschaftspolitik. Vahlen, München. 2001

51.**Ortlieb**, Heinz- Dietrich/ Dörge Friedrich- Wilhelm: Wirtschafts- und Sozialpolitik, Opladen 1964

52.**Paraskewopoulos**, Spiridon: Die Osterweiterung der Europäischen Union. Chancen und Perspektiven (Schriftenreihe der Gesellschaft für Deutschlandforschung; GDF 75). Berlin 2000

53. **Paul**, Stephan: Kapitalmärkte, in Hasse, Rolf H./ Schneider, Hermann/ Weigelt, Klaus (Hrsg.): Lexikon soziale Marktwirtschaft-Wirtschaftspolitik von A bis Z. Paderborn 2002

54. **Piazolo**, Daniel: EU Reformen und Vertiefung: Wirtschaftliche Aspekte in Hasse, Rolf H./ Schneider, Hermann/ Weigelt, Klaus (Hrsg.): Lexikon soziale Marktwirtschaft-Wirtschaftspolitik von A bis Z. Paderborn 2002

55. **Piepenschneider**, Melanie: EU- Geschichte, in Hasse, Rolf H./ Schneider, Hermann/ Weigelt, Klaus (Hrsg.): Lexikon soziale Marktwirtschaft-Wirtschaftspolitik von A bis Z. Paderborn 2002

56. **Platzer**, Hans-Wolfgang (Hrsg.): Arbeitsmarkt- und Beschäftigungspolitik in der EU. Baden-Baden 1999/2000

57. **Rodemer**, Horst/ Dicke, Hartmut: Globalisierung, Europäische Integration und internationaler Standortwettbewerb. Baden- Baden 2000

58. **Schmidt**, André: Europäische Wettbewerbspolitik, in Theurl, Theresia (Hrsg.);Ohr, Renate; Kompendium Europäische Wirtschaftspolitik. Vahlen, München. 2001

59. **Schmidt**, André: Ordnungspolitische Perspektiven der europäischen Integration im Spannungsfeld von Wettbewerbs- und Industriepolitik. Frankfurt/Main 1998

60. **Schmidt**, Ingo; Schmidt, André: Europäische Wettbewerbspolitik. München 1997

61. **Schmidt**, Klaus Günter: Europa ohne Arbeit?. Opladen 1999

62. **Schröder**, Ulrich: Wirtschaftspolitik, in Weidenfeld, Werner/ Wessels, Werner (Hrsg.): Europa von A-Z. Bonn 2002

63. **Schuhmacher**, Dieter: Auswirkungen der wirtschaftlichen Zusammenarbeit mit Mittel- und Osteuropa auf den deutschen und westeuropäischen Markt, in Miegel, Meinhard: Transformation - Leipziger Beiträge zu Wirtschaft und Gesellschaft. Leipzig 1998

64. **Seitel**, Hans Peter: Wettbewerb, in Hasse, Rolf H./ Schneider, Hermann/ Weigelt, Klaus (Hrsg.): Lexikon soziale Marktwirtschaft-Wirtschaftspolitik von A bis Z. Paderborn 2002

65. **Seitel**, Hans Peter: Angebot und Nachfrage, in Hasse, Rolf H./ Schneider, Hermann/ Weigelt, Klaus (Hrsg.): Lexikon soziale Marktwirtschaft-Wirtschaftspolitik von A bis Z. Paderborn 2002

66. **Smeets**, Heinz- Dieter: Grundlagen der regionalen Integration – Von der Zollunion zum Binnenmarkt, in Ohr, Renate: Europäische Integration. Köln 1996

67. **Soltwedel**, R: Arbeitsmarktpolitik, in Hasse, Rolf H./ Schneider, Hermann/ Weigelt, Klaus (Hrsg.): Lexikon soziale Marktwirtschaft-Wirtschaftspolitik von A bis Z. Paderborn 2002

68. **Starbatty**, Joachim: Marktwirtschaft in Hasse, Rolf H./ Schneider, Hermann/ Weigelt, Klaus (Hrsg.): Lexikon soziale Marktwirtschaft-Wirtschaftspolitik von A bis Z. Paderborn 2002

69. **Straubhaar**, Thomas: International Mobility of the Highly Skilled: Brain Gain, Brain Drain or Brain Exchange, HWWA Discussion Paper, Hamburger Weltwirtschaftsarchiv, Hamburg 2000

70. **Stupp**; Stefan: Wirtschaftliche Integration Mitteleuropas in die EU und Folgerungen für die Arbeitsmarkt- und Lohnpolitik. Frankfurt/Main 1998

71. **Tannous**, Isabelle: Gleichstellungspolitik, in Weidenfeld, Werner/ Wessels, Werner (Hrsg.): Europa von A-Z. Bonn 2002

72. **Theurl**, Theresia (Hrsg.)Ohr, Renate; Kompendium Europäische Wirtschaftspolitik. Vahlen, München 2001

73. **Thiel**, Elke: Die Europäische Gemeinschaft. München 1992

74. **Tsiliotis**, Charalambos: Der verfassungsrechtliche Schutz der Wettbewerbsfreiheit und seine Einwirkung auf die privatrechtlichen Beziehungen. Berlin 2000

75. **Turek**, Jürgen: Standort Europa, in Weidenfeld, Werner: Europa Handbuch. Bonn 2002

76. **Viner**, Jacob: International trade and economic development-Lectures delivered at the National University of Brazil. Oxford 1953

77. **Wagener** Hans- Jürgen/ Fritz, Heiko: Im Osten was Neues. Aspekte der EU- Osterweiterung. Bonn 1998

78. **Waltemathe**, Arved: Austritt aus der EU- Sind die Mitgliedstaaten noch souverän?. Frankfurt /Main 2000

79. **Walwei**, Ulrich: Arbeitslosigkeit und Beschäftigungsprobleme in der Europäischen Union- Nationale Erfolgsstories als Wegweiser? in, Platzer, Hans-Wolfgang (Hrsg.): Arbeitsmarkt- und Beschäftigungspolitik in der EU. Baden-Baden 1999/2000

80. **Weidenfeld**, W./Giering C.: Die Zukunft Europas, in Weidenfeld, Werner: Europa Handbuch. Bonn 2002

81. **Weidenfeld**, Werner et al: Europäische Integration und Arbeitsmarkt. Nürnberg 1994

82. **Weidenfeld**, Werner: A new Ostpolitik- Strategies for a United Europe. Gütersloh 1997,

83. **Weidenfeld**, Werner: Europa 2000- Zukunftsfragen der europäischen Einigung. München 1980

84. **Weidenfeld**, Werner: Europa Handbuch. Bonn 2002

85. **Weidenfeld**, Werner: Mitte- und Osteuropa auf dem Weg in die Europäische Union. Gütersloh 1995

86. **Weidenfeld**, Werner/ Turek, Jürgen: Standort Europa. Gütersloh 1995

87. **Weidenfeld**, Werner/ Wessels, Werner (Hrsg.): Europa von A-Z. Bonn 2002

88. **Wessels**, Wolfgang/ Mittag, Jürgen: EU- Erweiterung, in Hasse, Rolf H./ Schneider, Hermann/ Weigelt, Klaus (Hrsg.): Lexikon soziale Marktwirtschaft-Wirtschaftspolitik von A bis Z. Paderborn 2002

89. **Wogau**, Karl von: Soziale Marktwirtschaft in der EU, in Hasse, Rolf H./ Schneider, Hermann/ Weigelt, Klaus (Hrsg.): Lexikon soziale Marktwirtschaft-Wirtschaftspolitik von A bis Z. Paderborn 2002

90. **Zippel**, Wulfdiether: Ökonomische Grundlagen der europäischen Integration. München 1993